Die deutsche Friedensbewegung 1870–1933

Von Richard Barkeley,
vorgelegt 1947

edition pace | Band 16

Regal zur Geschichte des Pazifismus 3
Herausgegeben von Peter Bürger

In Kooperation mit dem
Alois Stoff Bildungswerk der DFG-VK NRW,
unterstützt durch die Bertha von Suttner Stiftung
der DFG-VK

Richard Barkeley

Die deutsche Friedensbewegung 1870 – 1933

Unveränderter Text
der Darstellung von 1947,
ergänzt durch eine Bibliographie
und Hinweise zum Verfasser

edition pace

Diese Buchausgabe folgt
der schon erschienenen
Digitalversion des Online-Regals
bei der DFG-VK NRW

Richard Barkeley

DIE DEUTSCHE FRIEDENSBEWEGUNG 1870 – 1933

Unveränderter Text der Darstellung von 1947,
ergänzt durch eine Bibliographie und
Hinweise zum Verfasser

Neu herausgegeben von Peter Bürger

edition pace (Gründungsreihe) Band 16,
Regal zur Geschichte des Pazifismus, 3

Redaktion & Gestaltung: Peter Bürger
(www.tolstoi-friedensbibliothek.de)
Umschlagmotiv: Antikriegsdemonstration in
Berlin am 10. Juli 1922 | commons.wikimedia.org

Herstellung & Verlag: BoD – Books on Demand, Norderstedt
ISBN: 978-3-7597-0405-4

Inhalt

Pazifistische Massendemonstration in Berlin am 10. Juli 1922
mit der überall gezeigten Botschaft: „Nie wieder Krieg!"

commons.wikimedia.org

Vorwort

Die Studien des Verfassers im Zusammenhang mit seinen Vorlesungen in Wilton Park geben der vorliegenden Schrift ihren Hintergrund. Er konnte dabei feststellen, daß die Beschreibung deutscher Geschichte in Deutschland nicht nur nach 1933 an Einseitigkeit gelitten hat, sondern schon vorher. Um so notwendiger ist es, in Einzeldarstellungen Probleme zu behandeln, die bisher nur falsch, stiefmütterlich oder gar nicht behandelt wurden.

Es ist nicht leicht, die nötige Objektivität zu wahren, wenn eine Periode jüngster deutscher Geschichte zu beschreiben ist. Der Verfasser hat sein Bestes getan, um zu verhindern, daß sein persönliches Urteil sein sachliches trübe, und hofft, in den wesentlichen Punkten erfolgreich gewesen zu sein. Das besagt jedoch nicht, daß er keinerlei Urteil abgegeben habe. Auch der Geschichtsschreiber darf eine Meinung haben.

Deutsche Einrichtungen und Parteien mußten freimütig angegriffen werden. Das geschah weder aus Lust an der Kritik, noch um sie herabzusetzen. Es ist unmöglich, deutsche Einrichtungen oder deutsche Parteien zu schonen, wenn man bei der Wahrheit bleiben will; aber alle in der vorliegenden Schrift enthaltene Kritik soll niemand daran hindern, Einrichtungen und Parteien nunmehr Gelegenheit zu geben, aus Erfahrung und Fehlern zu lernen und sich zu bewähren. Alle Kritik bezieht sich auf die Vergangenheit. Die gegenwärtige Tätigkeit der deutschen Parteien soll damit nicht im geringsten kritisiert werden.

Dieses Buch ist keine Propagandaschrift, weder für noch gegen den Pazifismus. Aber es ist eine Propagandaschrift gegen die Unterdrückung einer Idee. Was immer in der Meinung des einzelnen oder vieler gegen die Friedensbewegung spricht, kann nie das Recht geben, sie zu unterdrücken oder zu verleumden; beides jedoch ist geschehen. Wenn die Leser dieser Schritt sich dazu entschlössen, dafür einzutreten, daß Ideen nur durch andere, bessere und nicht durch Gummiknüppel und Unterdrückung bekämpft werden, dann wäre mein Zweck erfüllt.

Ich habe an dieser Stelle die angenehme Pflicht, denen zu danken, deren Hilfe das Erscheinen dieser Schrift ermöglicht hat. Vor allem gebührt mein Dank dem alten Vorkämpfer des deutschen Pazifismus, Otto Lehmann-Rußbüldt, der in unermüdlicher Freundlichkeit immer wieder meine Fragen beantwortete und Auskunft gab, wenn die Quellen fehlten. Dank schulde ich auch Herrn Dr. Stöcker, Düsseldorf, für seine hilfreiche und freundliche Durchsicht des Manuskripts und dem Verlag für seine vorbildliche Arbeit unter schwierigen Bedingungen.

London, Herbst 1947

Richard Barkeley

D. rer. pol. (Vind.)   B. A. Hons. (Lond.)
Dozent an der London School of Economics and Political Science
(University of London) und am Wilton Park Training Centre

Die deutsche Friedensbewegung
1870-1933

„Rerum cognoscere causas"

„Zwei Wege liegen heute vor Europa offen, der eine führt
zu endlosen Appellationen an die Schärfe des Schwertes
und zu Verewigung jener Greuel des Krieges, die wir heute
mit Entsetzen vor uns sehen; der andere zum Siege der Hu-
manität und zur Begründung höherer Garantien für die
Freiheit und Wohlfahrt der Völker, als eine egoistische
Staatskunst, gestützt auf Waffengewalt, sie je zu bieten ver-
möchte."

Friedrich Albert Lange

I.
DIE BÜRGERLICHE FRIEDENSBEWEGUNG
VOR 1914

Als Bismarck am 8. Oktober 1862 das Amt eines Ministerpräsidenten in Preußen übernahm, war seine programmatische Feststellung:
„Die großen Fragen unserer Zeit werden nicht durch Majoritätsbe-
schlüsse gelöst werden, sondern durch Blut und Eisen." Es war eine
Folge dieser Blut- und- Eisen-Diät, daß das deutsche Volk weniger
an der Weltfriedensbewegung Anteil nahm, als man auf Grund des
deutschen Beitrages zur Weltkultur in früheren Epochen hätte erwarten können. Man kann es nicht leugnen: im selben Verhältnis,
wie Deutschland, militärisch erstarkt, zur Großmacht und ersten
Macht des Kontinentes wurde, verringerte sich sein Ansehen als
geistige Großmacht. Es gibt viele Beweise für diese These; einer davon ist die unglaublich zögernde Zurückhaltung, mit der in
Deutschland die Menschen darangingen, den jahrtausendealten
Traum vom ewigen Frieden zu verwirklichen.

In Westeuropa war in den sechziger Jahren eine starke pazifistische Bewegung entstanden, die durch die zwischen Preußen und Frankreich bestehende Spannung und die damit verbundene Kriegsgefahr noch vermehrt wurde. Preußen dagegen war damals schon nach einem kurzen liberalen Zwischenspiel zum Junkerstaat herabgesunken. Am 3. September 1866 hatte ein Teil der Liberalen des preußischen Landtages, durch den Sieg von Königgrätz geblendet, Bismarcks Verfassungsbruch durch die sogenannte Indemnitätsvorlage[1] gedeckt und dadurch den deutschen Parlamentarismus erschlagen, bevor er noch den Kinderschuhen entwachsen war. Der deutsche Parlamentarismus, der damals vor dem Sieg der preußischen Waffen seine eigenen streckte, hatte dadurch ein gefährliches Beispiel für die Zukunft geschaffen: Die Gruppe liberaler Abgeordneter, die den Namen ihrer Partei auf national-liberal änderte, brachte damit die Unterwerfung der Idee unter den Nationalismus deutlich zum Ausdruck. Vom nationalen Liberalismus zum nationalen Sozialismus ist nur ein kurzer Weg.

Nach dieser freiwilligen Unterwerfung der Nationalliberalen unter das Joch des Militarismus gehörte großer Mut dazu, den Antrag zu stellen, den der berühmte Anatom und Arzt Virchow am 21. Oktober 1869 namens der Fortschrittspartei (der treugebliebenen Liberalen) im preußischen Landtag einbrachte, in dem es heißt:

---

[1] Das Abgeordnetenhaus des preußischen Landtages hatte 1862 die Heeresvorlage des Kriegsministers Roon abgelehnt, das Herrenhaus sie angenommen. Der König, zur Abdankung bereit, da ihm ohne diese Heeresvorlage jede Regierung unmöglich schien, berief als letztes Aushilfsmittel Bismarck als Ministerpräsidenten. Dieser verfiel auf den Ausweg, daß hier eine Lücke in der Verfassung vorliege, die dem König das Recht gebe, die vorgeschlagenen Ausgaben vorzunehmen, da der Landtag in seiner Gesamtheit weder die Heeresvorlage abgelehnt noch angenommen habe. So wurde, unbekümmert um alle Proteste, die Heeresreform durchgeführt. Am 3. Juli 1866, am Tage der Schlacht bei Königgratz, also unter dem Eindruck des Krieges, wurde der Landtag neugewählt. Die Neuwahlen brachten wieder eine, wenn auch geschwächte, liberale Mehrheit. Dieser neue Landtag nahm dann am 3. September das von Bismarck eingebrachte Indemnitätsgesetz, das seine Verfassungsbrüche nachträglich genehmigt, mit einer großen Mehrheit an. Ein Teil der Liberalen schloß sich später zur Nationalliberalen Partei zusammen.

„In Erwägung, daß die Höhe der Ausgaben des Norddeutschen Bundes wesentlich durch den Militäretat bestimmt wird, und daß die dauernde Erhaltung der Kriegsbereitschaft in fast allen Staaten Europas nicht durch die gegenseitige Eifersucht der Völker, sondern nur durch das Verhalten der Kabinette bedingt wird, ist die königliche Regierung aufzufordern, dahin zu wirken, daß durch diplomatische. Verhandlungen eine allgemeine Abrüstung herbeigeführt werde."

Dieser Antrag wurde – man ist nach dem 3. September 1866 fast gedrängt, „natürlich" hinzuzusetzen – mit 215 gegen 99 Stimmen abgelehnt. Ebenso wurde ein Antrag des Abgeordneten Lasker, der in recht zahmen Worten eine Verminderung der Militärlasten gefordert hatte, abgelehnt.

Wenig später, im Februar 1870, lehnte Bismarck einen französischen Vorschlag eines Abrüstungsabkommens, der ihm durch die englische Regierung übermittelt wurde, ab. Bismarck war durchaus nicht bereit, auf solche Dinge ein zugehen. Ein Abrüstungsabkommen hätte den von ihm so sehr gewünschten Krieg mit Frankreich verhindert. Wenn auch in Westeuropa die Friedensbewegung unmittelbar nach dem Krieg 1870/71 einen neuerlichen Aufschwung nahm, der deutsche Kanzler wollte, obgleich er Deutschland nunmehr als gesättigte Macht bezeichnete, auch jetzt davon nichts wissen. Der Abgeordnete der Württembergischen Volkspartei v. Bühler beantragte am 12. März 1879:

„Der Reichstag wolle beschließen: den Fürsten Reichskanzler zu ersuchen, einen europäischen Staatenkongreß zum Zweck der Herbeiführung einer wirksamen allgemeinen Abrüstung etwa auf die durchschnittliche Hälfte der gegenwärtigen Friedensstärke der europäischen Heere für die Dauer von vorläufig 10 bis 15 Jahren zu veranlassen."

Natürlich wurde der Antrag abgelehnt. Als ihn v. Bühler trotzdem an Bismarck weitersandte, antwortet dieser:

„Erst nachdem es Ew. gelungen sein wird, unsere Nachbarn für Ihre Pläne zu gewinnen, könnte ich oder ein anderer deutscher

Kanzler für unser stets defensives Vaterland die Verantwortung für analoge Anregungen übernehmen. Aber auch dann fürchte ich, daß die gegenseitige Kontrolle der Völker über den Rüstungszustand der Nachbarn schwierig und unsicher bleiben und daß ein Forum, welches sie wirksam handhaben könnte, schwer zu beschaffen sein wird."

Ähnlich sprach sich der Kanzler auch dem italienischen Botschafter Crispi gegenüber aus, nämlich:

„… daß sich der Gedanke der Abrüstung nicht in die Praxis umsetzen läßt. Im Wörterbuch finden sich noch keine Vokabeln, welche die Grenzen zwischen Abrüstung und Rüstung festsetzen."

Unter diesen Umständen und, abgesehen von einigen süddeutschen Gruppen der Fortschrittspartei, von keiner der sogenannten bürgerlichen Parteien unterstützt, konnte man nicht erwarten, daß der Pazifismus in Deutschland besondere Fortschritte machen könne, zumal da jeder, der eine auch noch so sachliche Kritik an einer der zahlreichen Militärvorlagen übte, schon als Reichsfeind galt. Niemand wird sich daher wundern, daß auf dem ersten Weltfriedenskongreß in Paris, 1889, unter 97 Teilnehmern kein einziger Deutscher war.

Erst als die schwere Hand Bismarcks ausgeschaltet war, machte die Friedensidee auch in Deutschland endlich einige Fortschritte. Caprivi, der Nachfolger Bismarcks, mußte wohl, wollte er sich das Wohlwollen des Kaisers nicht verscherzen, die Militärvorlage durchbringen. Der neue Kurs, wie man jene kurze Periode in der deutschen Geschichte nennt, brachte aber trotzdem doch eine gewisse Erleichterung. Der neue Kanzler erklärte selbst (1892) in Danzig:

„… daß das kommende Jahrhundert den Zusammenschluß der europäischen Völker fordern könnte",

und:

„Wir wollen nur Kulturaufgaben lösen, das friedliche Zusammenleben der Völker erleichtern; die europäischen Kräfte zusammenschließen für eine spätere Zeit, wo es einmal notwendig sein sollte, im Interesse einer großen gemeinsamen Wirtschaftspolitik einen großen Komplex von Staaten gemeinsam zu erfassen",

während ein späterer preußischer Kriegsminister, General v. Goeßler, 1894 im „Militärwochenblatt" vorschlug:

„… eine friedliche Vereinbarung zwischen den Staaten behufs Vermeidung eines Krieges auf eine Reihe von Jahren zu treffen."

Aber es war schon zu spät. Die Unterwerfung des deutschen Geistes unter die Forderungen der Bismarckschen Blut- und -Eisen-Ära hatte in den 28 Jahren der Herrschaft der eisernen Hand des Kanzlers solche Formen angenommen, daß kaum jemand mehr die Fähigkeit hatte, für sich selbst zu denken. Die äußeren Formen hatten sich wohl etwas geändert, aber innerlich blieb Deutschland unter dem Kaiser in derselben Unfreiheit wie unter dem Kanzler. Unter diesen Umständen blieb die Friedensbewegung im Reich ein Versuch mit untauglichen Mitteln.

Es waren zwei Österreicher, Baronin v. Suttner und Alfred H. Fried, die 1892 die „Deutsche Friedensgesellschaft" gründeten. Diese Gründung ist in erster Linie dem Roman der Frau v. Suttner, „Die Waffen nieder", zu danken. Dieses Buch, das 1890 erschien, erregte ungeheures Aufsehen. Zum ersten Male wurde hier die andere Seite des Krieges dargestellt. Der Eindruck, den das Buch verursachte, wurde, wenigstens im deutschen Sprachgebiet, dadurch wesentlich erhöht, daß seine Verfasserin dem Adel angehörte. Nun war es etwas leichter, „der von ihr vertretenen Idee auch in den höheren Gesellschaftsklassen und in der politischen Welt Kredit verschaffen". (A. H. Fried.) 1891 wurde die österreichische Friedensgesellschaft gegründet, 1892 die deutsche. So schwach die Friedensbewegung in Deutschland auch war – es gab bei ihrer Gründung nicht die 32 Reichstagsabgeordneten und zahlreichen Universitätsprofessoren, die ein Jahr früher der Gründung des Alldeutschen Vereins beigewohnt hatten –, sie wurde natürlich trotzdem schon im Gründungsjahr angefeindet, und 1893 erschien ein Buch (Jähns: Krieg, Frieden und Kultur), in dem die Friedensbewegung als kulturfeindlich bezeichnet wurde, da sie den Krieg, der doch die Ursache alles Kulturfortschritts sei, unmöglich machen wolle. Felix Dahn, der vor Jahren als großer Dichter galt, schrieb ein Epigramm gegen „Die Waffen nieder", das in vier Zeilen die ganze deutsche nationale Einstellung in ihrer unbegreiflichen Beschränktheit und Überheblichkeit zeigt:

„Die Waffen hoch! Das Schwert ist Mannes eigen,
Wo Männer fechten, hat das Weib zu schweigen,
Doch freilich, Männer gibt's in diesen Tagen,
Die sollten lieber Unterröcke tragen."

Die Deutsche Friedensgesellschaft führte die ganze Zeit bis 1914 ein recht bescheidenes Dasein. Bertha v. Suttner schrieb im Gründungsjahr der Deutschen Friedensgesellschaft, 1892, an A. H. Fried:

„Wie die Dinge stehen, darf die Initiative nicht von zu vielen Juden ausgehen – sonst wird sie gleich klassifiziert; ebenso wenig wie sie etwa sozialdemokratisch sein dürfte. Die österreichischen Witzblätter stellen mich ohnehin als Anführerin polnischer Juden dar …"

Nichts könnte besser die ganze Hoffnungslosigkeit der Gründung charakterisieren. Unter diesen Umständen ist es verständlich, daß die Gesellschaft die größten Schwierigkeiten hatte, einen Präsidenten zu finden. Ihr Einfluß war entsprechend gering, aber sie hatte doch ein nicht unwichtiges Ergebnis: die Teilnahme deutscher Delegierter an der interparlamentarischen Union. ‚Diese Vereinigung, welche die internationale Schiedsgerichtsbarkeit durch zwanglose Beratungen von Parlamentariern verschiedener Länder fördern wollte, hatte 1889 in Paris ihre erste Beratung abgehalten, an der weder Delegierte aus Deutschland nach aus Österreich teilnahmen. 1890, also noch vor Gründung der Friedensgesellschaft, nahmen nur drei Deutsche an diesen Beratungen teil, 1891, nach Erscheinen von Frau v. Suttners Buch, zu einer Zeit, da die Friedensidee, in Deutschland schon einige Verbreitung gefunden hatte, stieg die Zahl der deutschen Teilnehmer auf 18.

Die interparlamentarische Union übte bald ihren Einfluß auch im Reichstag. aus. Der Zentrumsabgeordnete Lieber sprach 1893 bei der Militärdebatte im Reichstag über die Schiedsgerichtsbarkeit und sagte:

> „Es würde eine schöne und große Aufgabe des neuen Kurses sein, eine Aufgabe, deren Lösung ihn weit über alle früheren Triumphe höbe, wenn er von dem Bismarckschen Gewaltboden auf einen neuen Europäischen Rechtsboden überzutreten und zu ganz Europa überzuführen die Weisheit und die Kraft hätte."

Im deutschen Volke selbst machte die deutsche Friedensbewegung in den Jahren bis 1914 nicht viel Fortschritte, und ihr Einfluß blieb gering. Die Feindschaft der Alldeutschen und Agrarier hatte 1894 Caprivi gestürzt, und die folgenden Jahre standen viel mehr unter dem Einfluß der Flottenagitation des Kaisers und seiner kriegerischen Reden als unter dem Einfluß der Friedensgesellschaft. Gerade jene Jahre zeigen, wie gering dieser Einfluß war. Die Entwicklung jener wilhelminisch-neudeutschen Einstellung, deren Ideal der Reserveoffizier war, hatte begonnen. Die Militarisierung Deutschlands hatte solche Formen angenommen, daß in den Berufen, die das Abiturium erforderten, ein Mann, der nicht Leutnant d. R. auf seine Visitenkarte setzen konnte, einfach keinerlei Möglichkeiten hatte. Unter solchen Bedingungen war der Friedensbewegung jede Werbemöglichkeit selbst in solchen Kreisen genommen, denen man mit Rücksicht auf ihre höhere Schulbildung vielleicht einige selbständige Urteilskraft zugetraut hätte, Jedoch gerade in diesen Kreisen war der Nationalismus besonders rabiat. Eine kurze Zeit lang, als das Manifest des Zaren erschien, das die Völker zu einer internationalen Friedenskonferenz aufrief, wurde die Friedensidee wohl gesellschaftsfähig, aber der Zauber verflog bald.

Die erste Haager Konferenz ging auf zwei Rundnoten des Zaren zurück, der unter dem Eindruck des Buches „Die Waffen nieder" zuerst eine allgemeine Beschränkung der Rüstungen vorschlug und dann anfragte, „ob sie (die Regierungen) den Augenblick für geeignet hielten, auf internationalem Weg die Grundlagen zu beraten, welche in der Zirkularnote vom 24. August 1898 dargelegt worden sind". Die Regierungen stimmten zu, wenn auch nicht sehr begeistert. Der Kaiser dagegen, obwohl auch er die Idee der Form halber nicht von vornherein ablehnen konnte, schreibt an den Rand einer Note des Zaren über die Abrüstung: „Wenn er mir das anbietet, schlage ich ihn hinter die Ohren." Als die Konferenz zustande kam, lehnten die deutschen Vertreter, Herr B. v. Schwarzhoff und Siegel, jede Rüstungsbeschränkung ab. Die Ergebnisse der Konferenz, die Errichtung eines Schiedsgerichtes, dessen Anrufung in Streitfällen nicht obligatorisch wär, das Verbot, Dum-Dum-Geschosse zu verwenden, und die Landkriegsordnung, waren also sehr bescheiden. Zu diesem Mißerfolg der Konferenz hatte das Vorgehen Deutschlands wesentlich beigetragen. Überdies schrieb der Kaiser an den Rand des Aktes, der über die Konferenz berichtete: „… und scheiße auf die ganzen Beschlüsse und verlasse mich lieber auf mein scharfes Schwert."

Trotz der Haager Konferenz, deren Zustandekommen zweifellos einen Erfolg der internationalen pazifistischen Bewegung darstellt, blieb die Friedensidee in Deutschland auch nachher auf eine so schmale Anhängerschicht begrenzt, daß keinerlei Hoffnung darauf bestand, jemals die Politik des Reiches zu beeinflussen. 1904, als der Reichskanzler Bülow an die „Vereinsamung" Deutschlands erinnert wurde, erwiderte er: „Wenn wir uns unser Schwert scharf erhalten, so brauchen wir uns vor dem Alleinsein nicht so zu fürchten." Und 1905 zeigte das kaiserliche Marokko-Abenteuer mit seiner Erpressung an Frankreich, daß die Erhaltung des europäischen Friedens nicht zu den wichtigsten Sorgen der Reichsregierung zählte.[2]

1900 war die Zentrale der Deutschen-Friedensgesellschaft von Berlin nach Stuttgart verlegt worden: Diese Übersiedlung aus dem militärischen Preußen nach dem mehr fortgeschrittenen Süden brachte wohl einen kurzen Aufschwung, der jedoch nicht lange anhielt. Trotz des Aufschwunges, den die erste Haager Friedenskonferenz der internationalen Friedensbewegung zweifellos gebracht

---

[2] 1905 brach ein Streit zwischen Deutschland und Frankreich wegen Marokko aus. Da Frankreichs Bundesgenosse Rußland im Krieg mit Japan beschäftigt war, konnte Deutschland den Rücktritt des französischen Außenministers auf erpresserische Weise, durch Drohung mit Krieg, erzwingen. Der Streitfall wurde dann auf englischen Vorschlag durch die Konferenz von Algeciras beigelegt, die in der erschreckendsten Weise die damals schon, bestehende Isolierung Deutschlands zeigte.

hatte – Lord Haldane, der damalige englische Kriegsminister, erklärte 1906: „Es wird eine Zeit kommen, die auf das Barbarentum der Gegenwart mit Staunen zurückblicken wird" –, in Deutschland blieb alles beim alten. Der Bruch, den die Entwicklung der deutschen Politik in der Richtung zur Demokratie am 3. September 1866 durch Unterwerfung der Parlamente unter das Gebot des Militärs erlitten hatte, war nicht so leicht gutzumachen. Wenn man die Erinnerungen Alfred H. Frieds, dieses unermüdlichen Friedensapostels im kaiserlichen Deutschland, liest, kann man jenen Männern und Frauen, die ihr Leben einer so wenig volkstümlichen Sache wie der Verbreitung der Friedensidee in Deutschland gewidmet hatten, seine Bewunderung trotz ihres Mißerfolges nicht versagen. Pazifist im kaiserlichen „Deutschland sein, das hieß, sich selbst von allem ausschließen, sich selbst zum Paria erklären. Niemand, der irgendwie im öffentlichen Leben weiterkommen wollte, konnte Pazifist sein. Wenn Friedensfreunde im kaiserlichen Deutschland auch nicht ermordet wurden – so wie später – in der Republik –, es bedeutete doch gesellschaftlichen und bürgerlichen Tod, sich dieser Bewegung anzuschließen. Nicht nur Fried, dem 1911 der Nobelpreis verliehen wurde, verdiente diese Auszeichnung im vollsten Maße, sondern auch alle seine unermüdlichen Mitarbeiter, Franz Wirth (Frankfurt am Main), Adolf Richter, Pfarrer Umfried, von Egidy und alle die anderen, die im kaiserlichen Deutschland den Mut hatten, in der Sprache Kants „den ewigen Frieden" zu predigen, also eine schwere Bürde auf sich nahmen, hätten ebenso ausgezeichnet werden müssen. Trotz aller Arbeit war die Friedensidee in Deutschland erst nach zwanzig Jahren Tätigkeit so weit gestärkt, daß man einen bezahlten Sekretär anstellen konnte. Man vergleiche die „Erfolge" des Alldeutschen Verbandes, des Flottenvereins und ähnlicher Vereine.

Auch die zweite Haager Friedenskonferenz (1907) brachte keine Änderung der deutschen Einstellung zur Friedensfrage. Die deutschen Delegierten verweigerten die Teilnahme an der Diskussion über die Rüstungsfrage. Der wissenschaftliche Delegierte Deutschlands, der Professor des Völkerrechts, Zorn, der im Gegensatz zu den übrigen Delegierten positive Arbeit in den Beratungen leisten wollte, wurde mundtot gemacht. Der Direktor des deutschen Auswärtigen Amtes, Simon, sagte 1919 über das Verhalten der deutschen Delegation zur zweiten Friedenskonferenz: „Die deutsche Politik in der Schiedsgerichts- und Abrüstungsfrage anno 1907 ist, wie ich glaube, eine der wesentlichen Ursachen des Kriegsausbruches 1914 und der deutschen Niederlage." Trotzdem gab es noch immer Leute, denen selbst der Anschein der deutschen Mitarbeit im Haag zuviel war. Hasse vom Alldeutschen Verband sagte damals in „Deutsche Politik": „Die ärgste Heuchelei ist es aber, wenn auch das Deutsche Reich sich an der Haager Friedenskonferenz und ihren Nachfolgern beteiligt. Dieses Possenspiel sollte man doch denen überlassen, die gewerbsmäßig und gewohnheitsmäßig die politische Heuchelei betreiben."

Die mißglückte Haager Konferenz trug mehr zur Isolierung Deutschlands bei, als gemeinhin angenommen wird. Reichstagsabgeordneter Gothein berichtet darüber (Warum verloren wir den Krieg? S. 20): „Alle Teilnehmer der Konferenz nahmen … den Eindruck mit, daß Deutschland und … Österreich-Ungarn der internationalen Verständigung die größten Hemmnisse in den Weg legten, weil sie sich in der Absicht, den Frieden zu brechen, sobald ihnen die Gelegenheit dazu günstig erscheine, nicht durch internationale Abmachungen hemmen lassen wollten. Beide waren seitdem Gegenstand des allgemeinen Mißtrauens."

Bismarcks Saat trug nun Früchte. 1909 kam ein neuer Kanzler, Bethmann Hollweg, von dem man mehr Verständnis für die Zeichen der Zeit erwartete als von seinem Vorgänger Bülow, der der eigentliche Vertreter jener Weltpolitik war, die Deutschland mit Gewalt isolierte. Obgleich Bethmann Hollweg in einigen Dingen eine neue Stellungnahme versuchte, in der Rüstungsfrage blieb er unerbittlich. Am 30. März 1911 sagte er im Reichstag u. a. in Beantwortung einer sozialdemokratischen Anfrage über die internationale Verständigung bezüglich der Rüstungen: „Wer die Frage der allgemeinen Abrüstung einmal sachlich und ernsthaft durchdenkt – bis in ihre letzten Konsequenzen durchdenkt –, der muß zu der Überzeugung kommen, daß sie unlösbar ist, solange die Menschen Menschen und die Staaten Staaten sind." Unter diesen Umständen blieb alle pazifistische Arbeit in Deutschland vergeblich, und die wenigen vereinzelten Anhänger der Friedensidee blieben einsame Rufer in der Wüste. Deutschland ging, ohne Protest – der Wehrbeitrag des Jahres 1913 in Höhe von einer Milliarde Mark wurde ohne Widerspruch im Reichstag beschlossen –, den glorreichen Zeiten entgegen, die der Kaiser versprochen hatte. Aller Mut, alle Hingabe, die die wenigen Anhänger der Friedensidee aufbrachten, ihr unermüdlicher Kampf gegen die herrschenden Meinungen waren vergeblich. Sie konnten den Vormarsch zum Untergang nicht zum Stehen bringen. Die Friedensbewegung war eine Bewegung einer Handvoll von Intellektuellen geblieben, ohne Zusammenhang mit den Massen des Volkes, ohne Zusammenhang mit politischen Parteien.

Auch die Gründung eines Verbandes für internationale Verständigung 1912 konnte nicht mehr helfen. Wenn auch der Vorstand dieses Verbandes sich aus hervorragenden Vertretern des geistigen Lebens in Deutschland zusammensetzte (Professor Schücking, Professor Liszt, Professor Zorn, Professor Lammasch, Professor Foerster u. a.), wenn er auch die Erziehung der Jugend „im Sinne … der gegenseitigen Achtung der Völker und ihrer Eigenart" forderte, es war schon zu spät. Deutschland war durch die jahrzehntelange Arbeit der Alldeutschen politisch schon so verseucht und, eine Folge der bramarbasierenden Reden von Persönlichkeiten mit und ohne Rang, schon so isoliert, daß nichts mehr helfen konnte. Gerade der Umstand, daß sowohl die Friedensgesellschaft als auch der Verband für internationale Verständigung in die innere Politik nicht eingreifen wollten, noch über Einfluß genug verfügten, ihre Ziele auf demselben Wege zu erreichen, wie etwa die Alldeutschen, konnten sie trotz ehrlicher Überzeugung nichts dazu tun, den Ausbruch des Krieges, der schon jahrelang in der Luft gelegen hatte, zu verhindern.

II.
Pazifismus in der Sozialdemokratie
vor 1914

Wir haben gesehen, daß die Friedensbewegung in Deutschland trotz großem Idealismus ihrer führenden Mitglieder nicht viel, wenn überhaupt etwas erreichte in jenen Tagen vor 1914. Die Friedensvereine, die Gründungen Intellektueller, waren unpolitisch und lehnten, schon aus agitatorischen Gründen, ab, eine Art Vorschule der Sozialdemokratie zu sein. Diese Partei umfaßte in Organisationen und Wählerschaft große Massen von Antimilitaristen, die dem organisierten Pazifismus fernblieben, einmal, weil sie sich nicht mit sogenannten Bürgerlichen in gemeinsamen Organisationen zusammenschließen wollten – die Unterscheidung zwischen sogenannten proletarischen und bürgerlichen Organisationen war damals noch viel schärfer als später in der Republik –, und dann, weil sie der Meinung waren, daß ihre kriegsgegnerischen Ziele in der sozialdemokratischen Partei einer viel gründlicheren Verwirklichung entgegengingen. Es ist daher durchaus nicht überflüssig, sondern unbedingt notwendig, festzustellen, wie jene Partei sich zur Friedensbewegung und Abrüstung einstellte, wenn man die deutsche Friedensbewegung als Ganzes betrachtet. Die Erklärung der beiden Sozialdemokraten im Norddeutschen Reichstag, Bebel und Wilhelm Liebknecht, am 21. Juli 1870, nämlich:

„Der gegenwärtige Krieg (d. h. der deutsch-französische, d. V.) ist ein dynastischer Krieg, unternommen im Interesse der Dynastie Bonaparte, wie der Krieg von 1866 im Interesse der Dynastie Hohenzollern. Die zur Führung des Krieges dem Reichstag abverlangten Geldmittel können wir nicht bewilligen, weil dies ein Vertrauensvotum für die preußische Regierung wäre, die ... den gegenwärtigen Krieg vorbereitet hat. Ebensowenig können wir die geforderten Geldmittel verweigern, denn es könnte dies als Billigung der frevelhaften und verbrecherischen Politik Bonapartes aufgefaßt werden. Als prinzipielle Gegner jedes dynastischen Krieges, als Sozialrepublikaner und Mitglieder der Internationalen Arbeiterassoziation ... können wir uns daher weder direkt noch indirekt für den gegenwärtigen Krieg erklären und enthalten uns daher der Abstimmung …"

kann nicht ganz als prinzipielle Stellungnahme der Sozialdemokraten zum Problem des Krieges angesehen werden. Die beiden Abgeordneten enthielten sich der Stimme, nicht, weil sie Pazifisten waren – denn das geht aus der Erklärung nicht hervor, vielleicht waren sie es auch gar nicht –, sondern nur deshalb, weil sie den Staat, der Krieg führte, als solchen ablehnten. Diese Richtung der Staatsfeindschaft war zu jener Zeit noch besonders ausgeprägt, denn die anarchistischen und syndikalistischen Tendenzen innerhalb der sozialistischen Ideologie waren damals viel stärker als nach Erlöschen des Sozialistengesetzes. Überdies war damals noch die marxistische Ideologie gerade in den führenden Köpfen der Partei sehr stark. Nach dieser Theorie war der Staat nur ein Unterdrückungsinstrument gegenüber der Arbeiterklasse, und es war selbstverständlich, daß die Sozialdemokraten diesem Staat gegenüber „jeden Mann und jeden Groschen" verweigerten, ganz besonders, wo es sich um die Armee, also das Unterdrückungsinstrument des Unterdrückungsinstrumentes, handelte.

Wenn auch viele Anhänger sowohl als auch Gegner der Sozialdemokraten diese prinzipielle Ablehnung des Heeresvoranschlages für Pazifismus hielten – die Sozialdemokratie war durchaus nicht pazifistisch. Friedrich Engels, der nach Marx' Tod die Stellung eines Hohepriesters des Marxismus einnahm, führte nicht nur im Freundeskreis den Spitznamen „The General", sondern war durchaus kein Pazifist. Er wollte nur die stehenden Heere abschaffen und durch Milizen, also eine allgemeine Volksbewaffnung, ersetzen, aber von Abrüstung ist in seinen Schriften nicht die Rede. Folgerichtig forderte daher das erste sozialdemokratische Parteiprogramm, Gotha, 1875, „Allgemeine Wehrhaftigkeit, Volkswehr an Stelle der stehenden Heere" (Punkt 3) und in Punkt 2 „Entscheidung über Krieg und Frieden durch das Volk". Daneben ist wohl noch in der Einleitung von der „Verbrüderung aller Menschen" die Rede, aber der Pazifismus als solcher wurde nicht erwähnt.

Erst als die immer mehr zur Last werdende internationale Aufrüstung einerseits und die immer stärker drohende Kriegsgefahr andererseits die Fragen von Abrüstung und Schiedsgericht zum Diskussionsgegenstand aller Kreise, nicht nur der sozialdemokratischen, machte, nahm auch die sozialdemokratische Partei nochmals hierzu Stellung. Das neue sozialdemokratische Parteiprogramm, das nach dem Ablauf des Sozialistengesetzes möglich wurde, Erfurt 1891, brachte daher eine interessante Ergänzung der Gothaer Forderungen, nämlich „Schlichtung aller internationalen Streitigkeiten auf schiedsgerichtlichem Wege". Damit und erst jetzt wird also eine pazifistische, kriegsgegnerische Forderung Bestandteil des Parteiprogramms. Allerdings wird zur selben Zeit und im selben Absatz des Programms Erziehung zur allgemeinen Wehrhaftigkeit gefordert, was weniger pazifistischen Grundsätzen entspricht. Gleichzeitig wurde das Gothaer Programm dahin abgeändert, daß nunmehr an Stelle des Volkes die Volksvertretung über Krieg und Frieden entscheiden solle. Solch eine Entscheidung, kann man wohl sagen, war die Reichstagssitzung vom 4. August 1914 mit ihrem einstimmigen Beschluß der Kriegskredite, also völlig im Einklang mit dem Erfurter Programm.

Trotz einiger mäßiger pazifistischer Forderungen im Programm war aber die Haltung der sozialdemokratischen Reichstagsfraktion nicht immer sehr kriegsgegnerisch, obwohl die Partei bei Freund und Feind so angesehen wurde. Nachdem 1899 das Sozialistengesetz gefallen war und der Druck, der auf der Partei gelastet hatte, wich, machte die bisherige unbedingte Opposition einer mehr zugänglichen Stimmung auch in militärischen Dingen Platz. Immer wieder begegnen wir auf Parteitagen Kritiken des Verhaltens der Reichstagsfraktion wegen der Militärfrage, so Halle 1890, Hamburg 1897, Hannover 1899.

1906 kam auf der Parteitag von Mannheim ein von Dr. Liebknecht begründeter Antrag zur Verhandlung, der forderte:

„Eine besondere antimilitaristische Propaganda ist systematisch zu entfalten! Zu diesem Zweck ist ein ständiger Ausschuß zu bilden."

Dr. Liebknecht führte zu dessen Begründung aus:

„Es ist Ihnen allen wohlbekannt, in welchem Umfange unsere Bruderparteien ... sich mit der antimilitaristischen Propaganda

befaßt haben und mit welchem Erfolg. In Deutschland sind wir
auf diesem Gebiet noch weit zurück ... Der Antrag ist so vorsich-
tig gefaßt, daß ihm gegenüber alle die Ängstlichkeiten und Be-
sorgnisse, die in Deutschland gegenüber dem Antimilitarismus
geradezu traditionell sind, in die Luft verfliegen müssen. Beschließen Sie ... die Schaffung dieses antimilitaristischen Aus-
schusses als eines Generalstabes gegen den Militarismus, das
heißt gegen das stärkste Bollwerk des Kapitalismus, das uns
noch lange widerstehen kann, wenn wir den Unverstand der
großen Masse längst überwunden haben werden, gegen den Militarismus, durch den der Kapitalismus sich vor der demokratischen Entwicklung verschanzt, sie verfälscht, und der unser
Volk aufs schlimmste brutalisiert und barbarisiert ...

Bebel, der für den Parteivorstand erwiderte, wollte von diesem Antrag nichts wissen und sprach in Wendungen, die schon die Zeit
nach 1914 vorahnen lassen:

„Gegen den Antrag erklären wir uns auf das entschiedenste,
selbst auf die Gefahr hin, daß wir als Schwarzseher oder für noch
Schlimmeres angesehen werden ... Auf etwas Derartiges wird
sich der Parteivorstand niemals einlassen, und wenn Sie das beschließen, dann bitte, wählen Sie Ihre besonderen Organe dazu.
Es ist auch falsch, wenn Liebknecht sagt, selbst wenn wir die allgemeine Aufklärung haben, sind wir immer noch nicht so weit,
daß wir mit dem Militarismus fertig werden können.
... Wenn das Maß der Kenntnisse im deutschen Volk vorhanden
ist, das er (Liebknecht) voraussetzt, dann räumen wir allerdings
auch mit dem Militarismus auf. Lehnen Sie den Antrag ab. Wir
haben gar nicht nötig, einen solchen Ausschuß einzusetzen. Es
gibt in ganz Europa keine zweite sozialdemokratische Partei, die
systematischer den Kampf gegen den Militarismus auch im Parlament führt wie gerade die deutsche Sozialdemokratie ...“

Man muß zugeben, daß diese Erwiderung sachlich sehr schwach
war; trotzdem machte Bebels Persönlichkeit so viel Eindruck auf
den Parteitag, daß er Liebknechts Antrag ablehnte.

Bebels Haltung war nicht immer so negativ wie im Falle des Antrages Dr. Liebknechts. Der Parteitag von Essen, 1907, beschäftigte sich eingehend mit der bekannten Reichstagsäußerung Bebels, daß er, falls es zu einem Krieg mit Rußland käme, noch in seinen alten Tagen die Flinte auf den Buckel nehmen würde. Damals also schon, sieben Jahre vor jenem 4. August, begann man innerhalb der Sozialdemokratischen Partei die Vorbereitungen für den Umfall. So sagte Noske, von dem später noch zu reden sein wird, auf jenem Parteitag:

„Ein Parteiblatt meinte, es sei nicht notwendig gewesen, davon zu sprechen, daß die Sozialdemokraten gewillt seien, zur Abwehr eines Angriffes auf Deutschland die Flinte auf den Buckel zu nehmen ... Das Wort kann unmöglich als ein Verstoß gegen die Parteiinteressen angeführt werden, sondern ist eine selbstverständliche Folgerung aus der bisherigen Stellung der sozialdemokratischen Partei zum Kriege ... Mit Nachdruck ist von mir betont worden, daß im Fall eines Angriffes auf Deutschland, im Fall ernstlicher Bedrohung unseres Landes die Sozialdemokraten ihr Vaterland begeistert verteidigen wollen."

Bebel hieb in dieselbe Kerbe:

„... Wenn wir wirklich einmal das Vaterland verteidigen müssen, so verteidigen wir es, weil es unser Vaterland ist ... Ja, es wäre doch traurig, wenn wir heute, wo große Kreise des Volkes sich Tag für Tag viel mehr um die Politik kümmern wie früher, noch nicht sollten beurteilen können, ob es sich im einzelnen Falle um einen Angriffskrieg handelt oder nicht ... Jedenfalls wäre es traurig, wenn Männer, die die Politik sozusagen zu ihrem Berufe gemacht haben, nicht sollten beurteilen können, ob es sich um einen Angriffskrieg handelt oder nicht ..."

Wenn auch Bebel mit seiner Annahme, daß die Sozialdemokraten das Vaterland verteidigen würden, durchaus recht behielt, seine zweite Voraussetzung, daß die Politiker seiner Partei einen Angriffskrieg von einem Verteidigungskrieg würden unterscheiden können, war leider nicht richtig, wie deren Verhalten am 4. August 1914 bewies.

Trotzdem, während der letzten Jahre vor dem ersten Weltkrieg traten die deutschen Sozialdemokraten zu Hause wie im Ausland bei feierlichen Gelegenheiten als die Fürsprecher des Friedens und der internationalen Verständigung auf, und es gab tatsächlich einen starken pazifistischen Flügel der Partei, dessen Äußerungen im In- und Ausland immer wieder als Beweis für den Pazifismus der Gesamtpartei genommen wurden, den es als solchen gar nicht gab. Trotzdem muß man sagen, daß die Sozialdemokratie trotz aller kriegerischen Äußerungen immer gegen die wachsenden Differenzen zwischen Deutschland und England ankämpfte, wie die wiederholten Parteitagsbeschlüsse beweisen:

„Die Vertreter der deutschen Sozialdemokratie erklären, daß sie die Versuche, zwischen dem englischen und dem deutschen Volke Unfrieden zu stiften und die beiden Völker, die mit in der vordersten Reihe der Kulturnationen stehen, zu einem Krieg zu verhetzen, auf das entschiedenste als gewissenlos und verbrecherisch verurteilen; sie erklären weiter, daß die deutsche Sozialdemokratie entschlossen ist, vorkommendenfalls mit allen ihr zu Gebote stehenden Kräften den Ausbruch eines Krieges zwischen den beiden Völkern zu verhindern." (Jena, 1905.)

Und:

„Das gemeingefährliche und verbrecherische Treiben bestimmter Kreise, zwei Kulturvölker wie das englische und das deutsche gegenseitig zu verhetzen und zum Kriege aufzustacheln, dient nur den engherzigsten und kurzsichtigsten Interessen der ausbeutenden und herrschenden Klassen. Es steht im schroffsten Gegensatz zu der Gesinnung internationaler Brüderlichkeit der ausgebeuteten Massen aller Nationalitäten, welche durch die engste Solidarität der Interessen miteinander verbunden sind ... Angesichts der weltwirtschaftlichen und weltpolitischen Zusammenhänge, denen zufolge jeder Konflikt zwischen zwei Kulturnationen die Gefahr eines Weltkrieges in sich birgt, macht es der Parteitag dem Proletariat Deutschlands zur besonderen Pflicht, ... mit allen ... Mitteln für die Überwindung des chauvi-

nistischen Geistes und die Sicherung des Friedens einzutreten."
(Nürnberg, 1908.)

Aber auch die Verständigung mit Frankreich wurde durch viele internationale Kundgebungen in den Jahren vor 1914 sehr gefördert. Der sozialdemokratische Wahlsieg 1912, der diese Partei mit 110 Sitzen zur stärksten des Reichstages machte, wurde im Ausland vielfach als ein Zeichen betrachtet, daß sich Deutschland auf friedlicheren Pfaden befinde, als nach den Reden des Kaisers anzunehmen war, denn die SPD galt einmal als pazifistisch.

Im November 1912 fand in Basel ein internationaler sozialdemokratischer Kongreß statt, der in schärfster Weise gegen die drohende Kriegsgefahr Stellung nahm. Ein ausbrechender Krieg solle, so verlangte die Resolution, zum Anlaß der sozialen Revolution gemacht werden:

„Falls der Krieg dennoch ausbrechen sollte, ist es die Pflicht der Sozialdemokratie, für dessen rasche Beendigung einzutreten und mit allen Kräften dahin zu streben, die durch den Krieg herbeigeführte wirtschaftliche und politische Krise zur Aufrüttelung des Volkes auszunutzen und dadurch die Beseitigung der kapitalistischen Klassenherrschaft zu beschleunigen."

Eine internationale Konferenz in London nahm angesichts der zweiten Marokkokrise am 4. August 1911 folgende Resolution an:

„Die deutschen, spanischen, englischen, holländischen und französischen Delegierten der Arbeiterorganisationen erklären, bereit zu sein, sich jeder Kriegserklärung mit allen zu Gebote stehenden Mitteln zu widersetzen. Jede vertretene Nation übernimmt die Verpflichtung, gemäß den Beschlüssen ... gegen alle verbrecherischen Umtriebe der herrschenden Klassen zu handeln."

Der französische Sozialist Jaurès war beim Baseler Kongreß so begeistert, daß er erklärte:

„Die Internationale vertritt alle sittlichen Kräfte der Welt! Und wenn einmal die tragische Stunde schlägt, in der wir uns ganz hingeben müßten, dieses Bewußtsein würde uns stützen und stärken. Nicht nur leichthin gesprochen, nein, aus dem Tiefsten unseres Wesens erklären wir, wir sind zu allen Opfern bereit."

Die anwesenden deutschen Sozialdemokraten waren ebenfalls begeistert; so sagte am 3. Dezember 1912 der sozialdemokratische Abgeordnete David im Reichstag über den Baseler Kongreß:

„… Was sich hier vollzieht, das sollte Ihnen doch klar werden. Die Massen hören auf, willenlose, gedankenlose Herden zu sein. Das ist neu in der Geschichte. Früher haben sich die Massen blindlings von denen, die Interesse an einem Krieg hatten, gegeneinander hetzen und in den Massenmord treiben lassen. Das hört auf. Die Massen hören auf, willenlose Instrumente und Trabanten irgendwelcher Kriegsinteressen zu sein."

Lange hielt diese Begeisterung nicht an. Im April 1913 brachte die Reichsregierung eine Vorlage zur Erhöhung des Heeresstandes um 136.000 Mann ein. Zur Deckung dieser und anderer Neuerungen, besonders in der Bewaffnung, wurde ein einmaliger Wehrbeitrag in Höhe von einer Milliarde Mark beantragt. Die Sozialdemokraten stimmten gegen die Erhöhung des Heeresstandes, ebenso wie die Abgeordneten der nationalen Minderheiten. Alle anderen Parteien stimmten lückenlos dafür, ein Zeichen, wie wenig Einfluß die damals immerhin schon zwanzig Jahre alte Friedensbewegung in Deutschland hatte. Die Reichsregierung war jedoch klug genug, zur Deckung des einmaligen Wehrbeitrages eine gestaffelte, steigende Vermögenssteuer vorzuschlagen. Diesem Zauber, einer gestaffelten Vermögenssteuer, konnten sich die Sozialdemokraten nicht entziehen und stimmten am 25.6.1913 für den Wehrbeitrag.

Das war dem Parteitag denn doch zuviel. Dieser, der im Herbst 1913 in Jena zusammentrat, kritisierte in schärfster Weise die Haltung der Reichstagsfraktion. Vertreter der Linken und der Revisionisten sprachen gegen die Parteileitung. Diese Kritiker beantragten einen Zusatz zum Bericht des Parteivorstandes, der folgenden Inhalt hatte (aus dem Englischen rückübersetzt):

„Der Militarismus ist die stärkste Waffe der herrschenden Klasse
und muß ohne Unterlaß bekämpft werden. Deshalb müssen unsere Reichstagsabgeordneten alle Gesetze ablehnen, die den Militarismus stärken könnten, einschließlich solcher Steuern, direk-
ter oder indirekter, die die Kosten des Militarismus decken sollen."

Dieser Antrag wurde abgelehnt. Das Stimmenverhältnis, 330 gegen
142, zeigt, daß die überzeugten Pazifisten nicht einmal ein ganzes
Drittel der Parteitagsdelegierten stellten.

Der Pazifismus verfügte eben, wie immer wieder aus den ange-
führten Tatsachen hervorgeht, nur über eine schmale Anhängerschicht innerhalb der führenden Kreise der Partei. Die große Masse
der Wähler freilich nahm die in der Parteipresse gelegentlich, wie
z. B. am 1. Mai, veröffentlichten pazifistischen Resolutionen und Artikel für bare Münze. Die Mehrheit der Führer, Männer wie Bebel,
Ebert, Scheidemann, Noske, um nur einige zu nennen, betrachteten
die Kriegsgegnerschaft als einen Gegenstand internationaler Debat-
ten oder Festreden und erklärten sich immer wieder bereit, „ihr Vaterland in der Stunde der Not" zu verteidigen. Da der ganze Reichstag, dem diese Leute angehörten, kein wirkliches Parlament war,
sondern nach der Bismarck-Verfassung nur eine Versammlung mit
der Erlaubnis, Parlament zu spielen, konnte eine solche „Not des
Vaterlandes" von „oben" her sehr leicht erzeugt werden und wurde
ja auch dann wirklich erzeugt, wobei die meisten sozialdemokratischen Führer nicht nur leicht und ohne jedes selbständige Urteil auf
den alldeutschen Leim gingen, sondern auch sehr lange brauchten,
sich davon zu lösen.

Noch ganz kurz vor dem 4. August 1914 waren manche Artikel
in der sozialdemokratischen Parteipresse auf einen Ton gestimmt,
der bei der Masse der Parteimitglieder keinerlei Zweifel an der aufrichtigen pazifistischen Einstellung der Partei aufkommen ließ. So
schrieb der Berliner „Vorwärts" am 25. Juli 1914:

„… Weil das Blut Franz Ferdinands und seiner Gattin … geflossen ist, soll das Blut von Tausenden von Arbeitern und Bauern
fließen, ein wahnwitziges Verbrechen soll von einem weit wahn-

witzigeren Verbrechen übergipfelt werden ... Aber in Berlin spielt man dabei ein genau so gefährliches Spiel wie in Wien ..."

Am 30. Juli 1914 schrieb der „Vorwärts":

„Das sozialistische Proletariat lehnt jede Verantwortung ab für die Ereignisse, die eine bis zum Aberwitz verblendete herrschende Klasse heraufbeschwört ... Alle Verantwortung fällt auf die Machthaber von heute ..."

Ebenso war es in der Provinz. Die „Bergische Arbeiterstimme" (Solingen) am 24. Juli 1914:

„... Österreich will den Konflikt mit Serbien ..., aber die Sache ist doch zu plump angefangen, als daß die Täuschung der öffentlichen Meinung Europas gelingen könnte ... In Deutschland aber dürfen es die Machthaber ... nicht wagen, das Leben eines einzigen Soldaten für die verbrecherische Machtpolitik der Habsburger aufs Spiel zu setzen, ohne den Volkszorn gegen sich heraufzubeschwören ..."

Diese Beispiele, die beliebig vermehrt werden könnten, müssen genügen. Sie zeigen die großen Worte der Parteipresse. Aber es blieben eben nur Worte.

Als „der Krieg dann dennoch ausbrach", da waren viele sozialdemokratische Führer nur zu bereit, zu beweisen, daß sie nicht der Kinderschreck waren, für den die bürgerliche Gesellschaft in Deutschland sie 50 Jahre lang gehalten hatte. Die Bereitschaft, mit der die Führung der Partei den Krieg akzeptierte, zeigte, daß sie seit Jahrzehnten auf diesen Verrat ihrer Grundsätze gewartet haben mußte. Daß das Vertrauen der Wähler in ihre gewählten Vertreter damals am 4. August 1914 und noch später infolge der positiven Haltung der Mehrzahl der sozialdemokratischen Reichstagsfraktion zum Krieg zerstört wurde, hat wesentlich mit zum Untergang des Parlamentarismus in Deutschland beigetragen.

III.

KRIEGSRAUSCH UND ERSTES BESINNEN

Im August 1914 waren es 43 Jahre, daß Preußen-Deutschland keinen Krieg mehr geführt hatte. Wohl hatten die Reden des Kaisers und anderer, die ganze deutsche Außenpolitik seit Bülow und auch schon vorher, die Veröffentlichungen des Alldeutschen Verbandes und ähnlicher Körperschaften, die sich übersteigenden Militär- und Flottenvorlagen wenig Zweifel an der kriegerischen Einstellung Deutschlands gelassen, aber der Sturm der Begeisterung, der am 4. August 1914 durch Deutschland fegte, kam doch als Überraschung für Freund und Feind. 20 Jahre Friedensbewegung, 110 Sozialdemokraten im Reichstag, die internationale Verflechtung des deutschen Kapitalismus und der deutschen Wissenschaft, alles war ausgelöscht. Die Zahl derer, die in dem Rausch der ersten Begeisterung ihre Fassung und aufrechte Haltung, ihr eigenes Denken und Urteil behielten, war sehr gering.

Die Sozialdemokraten hatten ihren Umfall und ihre Zustimmung zu den Kriegskrediten mit der Notwendigkeit der Abwehr der „Horden des Zarismus" begründet. Dieses Alibi gelang nicht ganz, denn vorläufig wenigstens war ja der Hauptkampf gar nicht gegen Rußland, sondern, im Einklang mit dem Schlieffen-Plan, gegen Belgien und Frankreich gerichtet. Trotzdem wurde in der sozialdemokratischen Presse der Kampf gegen Rußland als das Hauptargument immer wieder abgeleiert, so z. B.:

„… Die Losung ist überall die gleiche: gegen russische Despotie und Hinterhältigkeit …" („Bielefelder Volkswacht", 4.8.1914.)
„Wenn es richtig ist, daß wir von Rußland angegriffen wurden – und alle Meldungen haben das bisher so zu erkennen gegeben –, so ist es selbstverständlich, daß die Sozialdemokratie alle Mittel für die Verteidigung bewilligt …"
(„Volksblatt", Halle, 8.8.1914.)

Aber bald kommen auch schon Stimmen, die nicht Rußland als den einzigen Feind anerkennen:

„Tut eure Pflicht, ihr Freunde, gleichviel, wohin euch das Schicksal stellt! Ihr kämpft für die Kultur Europas, für die Freiheit eures Vaterlandes und euer eigenes Wohlergehen."
(„Rheinische Zeitung", 5.8.1914.)

„Das ganze westliche Europa hat das Lebensinteresse, den scheußlichen mordbübischen Zarismus auszurotten. Dies Menschheitsinteresse wird aber erdrückt von der Gier der kapitalistischen Klassen Englands und Frankreichs, die Profitmöglichkeiten aufzuhalten, die bisher deutsches Kapital ausübte."
(„Elberfelder Zeitung", 5.8.1914)

Aber den kapitalsten Bockmist von Kriegsbegeisterung brachte doch wohl die „Frankfurter Volksstimme" vom 18. August 1914:

„… Die drangsalierten, gehudelten und gebüttelten Sozialdemokraten treten wie ein Mann auf zum Schutz der Heimat, und die deutschen Gewerkschaftszentralen … berichten übereinstimmend, daß ihre besten Leute sich bei der Fahne befinden. Sogar Unternehmerblätter … melden diese Tatsache … Wir sind aber der Überzeugung, daß unsere geschulten Gewerkschafter noch mehr können als ‚dreinhauen' … Dieses … erfordert … eine solche Disziplin und Klarheit des Blickes auch beim einzelnen Mann, daß sich in diesem Krieg wirklich zeigen wird, wie erzieherisch die Gewerkschaften gewirkt haben … Der russische und französische Soldat mögen Wunder an Tapferkeit vollbringen, in der kühlen, ruhigen Überlegung wird ihnen der deutsche Gewerkschafter über sein … Wenn es also anno 1866 hieß, der Vormarsch der preußischen Truppen sei ein Sieg des Schulmeisters gewesen, so wird man diesmal von einem Sieg des Gewerkschaftsbeamten reden können."

Natürlich konnte in diesem edlen Eifer das „wissenschaftliche" Organ der Partei, die „Neue Zeit", nicht zurückbleiben. Sie schrieb, als schon der erste Katzenjammer dem ersten Begeisterungsrausch hätte gefolgt sein sollen, am 25. September 1914:

„Solange die Frage bloß lautet, ob Sieg oder Niederlage, drängt sie alle anderen Fragen zurück, sogar die nach dem Zweck des Krieges. Also erst recht alle Unterschiede der Parteien, Klassen, Nationen innerhalb des Heeres und der Bevölkerung",

und am 27. November 1914:

„Der Weltkrieg spaltet die Sozialisten in verschiedene Lager und vorwiegend in verschiedene nationale Lager. Die Internationale ist unfähig, das zu verhindern. Das heißt, sie ist kein wirksames Werkzeug im Kriege, sie ist im wesentlichen ein Friedensinstrument."

Hatten die Sozialdemokraten, die „vaterlandslosen Gesellen" einer nicht so fernen Vergangenheit, vom Rausch der Begeisterung mitgerissen, alle Perspektive und alle ihre Grundsätze vergessen, so darf es nicht wundernehmen, daß auch die übrigen Parteien den Rummel ebenso und noch ärger mitmachten. Unter diesen Umständen war natürlich die Arbeit der Friedensgesellschaft gänzlich unmöglich geworden, ganz abgesehen davon, daß die Behörden sie nicht zugelassen hätten. Ein Teil der Mitglieder war von dem Strom der Begeisterung fortgerissen worden. Ein anderer, wesentlich geringerer Teil befolgte das Wort des Wieners Karl Kraus: „Wer jetzt zu reden hat, trete vor und schweige." Aber dennoch gab es einige Gehirne in Deutschland, die sich auch im Herbst 1914 weigerten, im Gleichschritt zu arbeiten und andere für sich denken zu lassen. Friedrich Wilhelm Foerster, Professor Nicolai, Albert Einstein, Fürst Lichnowsky, Graf Monts, Tepper-Laski, Graf Leyden, Helmut von Gerlach, Otto Lehmann-Russbüldt und andere zeigten, daß es noch anderen Heldenmut gab als den der Schlachtfelder. A. H. Fried, der Gründer der Friedensgesellschaft, versuchte von der neutralen Schweiz her, wo er nun die „Friedens-Warte" herausgab, die Stimmung in Deutschland zu beeinflussen. Das dort erscheinende Organ der Pazifisten, der „Völkerfriede", wurde bei Kriegsausbruch unter militärische Zensur gestellt und am 17 November 1915 gänzlich verboten. Im April 1916 wurde die Buchhandlung der Friedensgesellschaft behördlich geschlossen. Die Abhaltung zuerst öffentlicher, dann auch geschlossener Versammlungen wurde verboten. Eine

Handvoll unentwegter Friedensfreunde und Mitglieder fuhren fort, einander in einem Café in Berlin zu treffen, freilich unter offener und geheimer Polizeikontrolle. Auch dieser letzte Rest der Tätigkeit der Friedensgesellschaft wurde im April 1917 verboten, und zwar,

> „… da die Vereinstätigkeit von Freunden mit pazifistischen Neigungen in der gegenwärtigen Zeit eine Bedrohung der staatlichen Wohlfahrt darstellt und dadurch eine Bedrohung der öffentlichen Ruhe, Sicherheit und Ordnung."
>
> (Aus dem Englischen rückübersetzt.)

Die genannten Männer jedoch und noch einige, wie Walter Schücking und Professor Quidde, denen der Zustand der Regierung der Kappen über die Köpfe unerträglich war und die den Schwindel vom Verteidigungskrieg schon längst durchschaut hatten, versuchten nun neue Wege, die Saat der Völkerversöhnung weiterhin auszustreuen: zwei neue Organisationen wurden im Krieg gegründet, beide der Kriegsgegnerschaft gewidmet, unter Namen, die nicht sofort dadurch, daß sie irgendwie an Frieden erinnerten, den Zorn und das Verbot der Behörden herausforderten. Es wird immer zu den Ruhmestaten des deutschen Pazifismus zählen, daß es Männer gab, die in einer Zeit der ärgsten Kriegsbegeisterung ihre Überzeugung nicht aufgaben. Die Gründung des „Bundes Neues Vaterland" (der späteren Liga für Menschenrechte) und der „Zentralstelle Völkerrecht" sind Lichtblicke in einer dunklen Periode deutscher Geschichte. Dazu kam noch eine pazifistische Frauenorganisation, die „Internationale Frauenliga für Frieden und Freiheit".

Der Bund Neues Vaterland war besonders erfolgreich. Er verdankte seine Gründung dem bekannten Herrenreiter Tepper-Laski und dessen treuem Mitarbeiter Otto Lehmann-Russbüldt. Zu diesen fanden sich u. a. der ehemalige deutsche Botschafter in London, Fürst Lichnowsky, und der ehemalige Botschafter Graf Monts. Die Behörden ließen sich längere Zeit durch den Namen täuschen. Aber nach einiger Zeit kamen sie doch darauf, was hier gespielt wurde; zuerst wurde dem Verein verboten, mit Nichtmitgliedern in Verbindung zu treten; dann wurde der Verkehr der Mitglieder untereinander verboten. Haussuchungen, Verhaftungen, Konfiskationen folgten einander. Auch auf Frauen gingen die Behörden los. Die beiden

Sekretärinnen, Fräulein Jannasch und Fräulein Bruck, hatten das zweifelhafte Vergnügen, den preußisch-deutschen Militärapparat am eigenen Leib zu spüren. Die eine saß 14 Wochen, die andere 4 Monate im Gefängnis. Das endgültige „Verboten" erging am 7. Februar 1916. Verboten, verboten, verboten – so sah der Kampf gegen den tyrannischen Zarismus aus. Dem Bund Neues Vaterland gebührt das große Verdienst, durch die Verbreitung eines Memorandums des Fürsten Lichnowsky über seine Erfahrungen in London im Juli 1914 zuerst auf die Lüge vom Verteidigungskrieg aufmerksam gemacht zu haben. Überdies hat dieser Verein, unter seinem alten wie unter seinem späteren Namen Liga für Menschenrechte, bis 1933 ohne Kompromiß der Sache des Friedens und der Menschlichkeit gedient wie kaum eine zweite Organisation in Deutschland.

Die Zentralstelle Völkerrecht, die eine „Tarnung" der treugebliebenen Mitglieder der alten Friedensgesellschaft darstellte und nun die Friedensidee im Gewand des Völkerrechtes verbreiten wollte, hatte schon mit ihrer Gründungsversammlung Pech: das Referat Professor Quiddes sowohl als auch die Diskussion wurden verboten. Die Gesellschaft konnte nur ihre Statuten beschließen. Um den ärgsten Schwierigkeiten aus dem Wege zu gehen, wurde die Zentralstelle Völkerrecht nach Frankfurt a.M. verlegt. Dort konnte sogar, am 3. Dezember 1916, eine öffentliche Versammlung stattfinden. Das war aber auch schon der Schwanengesang der Gesellschaft. Im Januar 1917 mußte dem Kampf gegen die russische Tyrannei ein weiteres Opfer gebracht werden: Strengstens verboten.

Die internationale Frauenliga für Frieden und Freiheit war die Gründung eines internationalen Frauenkongresses im Haag, April 1915. Wenigstens diese eine Vereinigung, von den Behörden schikaniert und verfolgt, wurde doch nicht gänzlich verboten. Die Forderungen, die im Haag aufgestellt worden waren, nämlich Anerkennung des Selbstbestimmungsrechtes der Völker, allgemeine Schiedsgerichtsbarkeit, demokratische Kontrolle der auswärtigen Politik, allgemeine Abrüstung, konnten ihrer Verwirklichung freilich nur sehr wenig nähergebracht werden.

Die Tätigkeit der Friedensvereine war jedoch schon vor ihrem Verbot sehr begrenzt. Es war in den ersten Monaten nach Kriegsausbruch fast unmöglich, auf die Bevölkerung in einem anderen Sinne als in dem der Kriegsfanfaren einzuwirken. Nicht nur, daß die behördlichen Einschränkungen und Behinderungen der Vereinstätigkeit, der Belagerungszustand und die Pressezensur nahezu jede Tätigkeit unmöglich machten, es muß auch als sehr fraglich bezeichnet werden, ob eine pazifistische Propaganda, die schon im Frieden keinerlei Eindruck auf die breiten Massen der Bevölkerung gemacht hatte, nunmehr, in den ersten Kriegsmonaten, größere Erfolgsaussichten gehabt hätte. Der Bund Neues Vaterland sah das durchaus ein und beschränkte seine Tätigkeit auf ganz bestimmte Kreise, von denen man annehmen konnte, daß sie die eigene Urteilskraft doch nicht ganz verloren hatten. Aber die Massen der Bevölkerung waren, vorläufig wenigstens, unzugänglich. Die Lage sah durchaus günstig aus, soweit es der Laie, dem noch dazu nur die amtlich zugelassenen Berichte zur Verfügung standen, beurteilen konnte. Die deutsche Armee kämpfte überall, z. T. sehr tief, in Feindesland. Die wahre Lage wurde durch eine lückenlose Propaganda verschleiert, so daß nur wenige wußten, daß der Schlieffen-Plan versagt hatte und daß die Marneschlacht verloren war. Selbst unter denen, die die wahre Lage kannten, waren viele, die, vom kriegerischen Hund gebissen (um einen Ausspruch Bismarcks zu variieren), einfach nicht wahrhaben wollten, daß es gar nicht so günstig.um die deutsche Sache stand. Darunter gab es auch manche, die dann später als gute Europäer gelten wollten und für pazifistische Forderungen eintraten, wie z. B. der spätere Außenminister der Erfüllungspolitik, Rathenau, der die zwangsweise Überführung von 100.000 belgischen Zivilarbeitern nach Deutschland, ebenso wie die Ernennung Ludendorffs zum stellvertretenden Chef des Generalstabes, in die Wege leitete. Stresemann dagegen wer damals noch damit beschäftigt, sein Buch „Michel, horch, der Seewind pfeift" zu schreiben, um darin die Annexion der flandrischen Küste zu betreiben.

Die ,Massen des deutschen Volkes, in denen sich schon bald, Ende 1914, die ersten Anzeichen von Kriegsmüdigkeit bemerkbar machten, waren von ihren parlamentarischen Vertretern, die die Pflicht gehabt hätten, den wahren Stand der Lage festzustellen, verraten und verkauft worden. Die rechten Parteien waren natürlich in ihrem Element. Denen kann man daraus keinen Vorwurf machen. Die linken Parteien jedoch hätten es besser wissen müssen. Die Fortschrittspartei machte lange den ganzen Schwindel mit. Friedrich Naumann stellte seinen Mitteleuropa-Plan auf, eine Art Frühgeburt

von Hitlers Neuer Ordnung. Payer, der später in den Kabinetten
Hertling und Max von Baden als Vizekanzler die demokratische Linie zu wahren hatte, sagte noch im Dezember 1915:

> „Es darf nach dem Frieden nicht wieder so sein, wie es vorher
> gewesen! Mit der Wiederherstellung des früheren Zustandes, die
> uns unsere Gegner vielleicht zuerkennen möchten, ist uns nicht
> gedient. So bescheiden sind wir denn doch nicht.“

Die Sozialdemokraten waren nicht viel besser. Sie hatten am 4. August 1914 die Idee vom Burgfrieden akzeptiert und sich loyal daran
gehalten. Über ihre Einstellung zu den Kriegskrediten wird im
nächsten Kapitel noch zu reden sein. Aber auch ihre Einstellung
zum Problem der Kriegsziele entsprach nicht sozialistischen
Grundsätzen. Scheidemann hatte wohl im Reichstag am 9. Dezember 1915 erklärt, daß Annexionen volksfremder Gebiete gegen das
Selbstbestimmungsrecht der Völker verstießen, aber schon vier Monate später, am 8. April 1916, sagte er in derselben Versammlung,
daß er natürlich nicht auf dem Standpunkt stehe, daß keinerlei
Grenzberichtigungen vorgenommen werden dürften.

Trotzdem war die Haltung der Sozialdemokraten geradezu pazifistisch, wenn man sie mit der der anderen Parteien vergleicht.
Fast bis zum bitteren Ende haben die deutschen Parteien nicht den
Mut aufgebracht, die Militärherrschaft, die Mitte 1916 in eine Diktatur Hindenburg-Ludendorff ausartete, zu bekämpfen. Die Haltung
der nichtsozialdemokratischen Parteien in den ersten Kriegsjahren
wird am besten in ihrer gemeinsamen Reichstagserklärung am 9.
Dezember 1915 zum Ausdruck gebracht:

> „Wir warten in voller Einigkeit, mit ruhiger Entschlossenheit –
> und lassen Sie mich einfügen: in Gottvertrauen – die Stunde ab,
> die Friedensverhandlungen ermöglicht, bei denen für die Dauer
> die militärischen, wirtschaftlichen, finanziellen und politischen
> Interessen Deutschlands im ganzen Umfang und mit allen Mit-
> teln, *einschließlich der dazu erforderlichen Gebietserwerbungen*, ge-
> wahrt, werden müssen. (Die Erklärung wurde von Dr. Spahn,
> Zentrum, abgegeben. – Hervorhebung v. V.)

Da also einerseits die Friedensbewegung, selbst wenn sie über die nötigen, geschulten Führer verfügt hätte – und man kann ohne weiteres annehmen, daß die deutschen Pazifisten von 1914 bei allem guten Willen keine politischen Führer waren –, infolge der Verfolgungen und der Zensur nicht an die Massen herankommen konnte und andererseits die politischen Parteien allen Einfluß, den sie noch von früher hatten, in den Dienst des Krieges stellten, so fand die bald erwachende Kriegsgegnerschaft eines großen Teiles des deutschen Volkes für lange Zeit keinerlei Ausdruck. Auch später, als es unmöglich wurde, die immer wachsende Kriegsmüdigkeit gänzlich zu übersehen, taten die politischen Parteien ihr Bestes, den Krieg hinauszuziehen, bis alles zusammenbrach – wie wir im nächsten Kapitel zu beweisen hoffen – und jeder Verständigungsfriede unmöglich wurde. Die Vergiftung Deutschlands mit nationalistischen Ideen hatte nicht nur die Friedensbewegung auf eine ganz schmale Schicht begrenzt, sondern darüber hinaus verhindert, daß die im Volke vorhandene Kriegsgegnerschaft entsprechenden Ausdruck fand.

IV.

Wachsende Kriegsgegnerschaft

Wie sehr die kriegerische Stimmung in Deutschland schon im Jahre 1916 umgeschlagen hatte, geht am klarsten aus den Gedichten jener Monate hervor. Die ersten Monate des Krieges hatten eine Fülle von kriegsbegeisterten Versen hervorgebracht, und selbst Dichter vom Range Dehmels waren vom Strom der Begeisterung mitgerissen worden. Kaum eine Handvoll deutscher Dichter hatten in jenen Monaten der Begeisterung 1914-1915 ihr eigenes Urteil bewahrt. Jedoch die nutzlosen Hekatomben von Langemarck und Fort Doaumont, die die Blüte der deutschen Jugend verschlangen, hatten die Augen der Frontkämpfer geöffnet, und die Unmöglichkeit, sich einmal satt zu essen, während es einer schmalen Schicht von Spekulanten und Kriegslieferanten an nichts gebrach, hatte den grauen Millionen, die im Hinterland für den Nachschub an die Front zu sorgen hatten, jede Spur einer einmal vorhandenen Begeisterung geraubt. Die Unzulänglichkeit der Organisation und der fehlgeschlagene Schlieffen-Plan hatten die Legende vom frisch-fröhlichen Krieg rasch zerstört, und was 25 Jahre Friedensbewegung nicht zustande gebracht hatten, wurde von 25 Monaten Krieg leicht erreicht. Die Abscheu vor dem Kriege wuchs, und während die wenigen Flugschriften der Pazifisten noch wenige Monate vorher machtlos dem alldeutschen Propaganda-Apparat von Staat, Schule, Kirche, Presse das Feld hatten räumen müssen, zeigte sich jetzt, daß die Sägespäne des Kriegsbrotes oder der Dreck des Schützengrabens noch wirksamere Propagandamittel waren.

Heinrich Lersch, der bei Kriegsausbruch auch anders gedichtet hatte, drückte es nun so aus:

Ich seh die Millionen die Arme ausbreiten
Nach Ruhe und Frieden.
Und hör' sie von neuem aufschrecken und schreien;
Verfluchen ihr Leben!
Verfluchen den Krieg!
Verfluchen den Sieg! Verzeihen
Ihrer Mutter nicht den Tag der Geburt.

Ein anderer Arbeiterdichter, Gerrit Engelke, träumte ebensosehr von der Völkerversöhnung:

Herauf aus Gräben, Lehmhöhlen, Betonkellern, Steinbrüchen!
Herbei! Kameraden! Denn von Front zu Front, von Feld zu Feld
Komme euch allen der neue Feiertag der Welt!

Aus allen Brüsten dröhne eine Bebung:
Der Psalm des Friedens, der Versöhnung, der Erhebung!
Und das meerrauschende, dampfende Lied,
Das hinreißende, brüderumarmende,
Das wilde und heilig erbarmende
Der tausendfachen Liebe laut um alle Erden!

Fritz von Unruh, ein Berufsoffizier, war schon im September 1914 innerlich mit dem Krieg fertig und brachte das auch zum Ausdruck:

Ein Fußartillerist kam die Straße entlang,
Er lacht und raucht und lacht.
Auf der Schulter trug er ein stöhnend Lamm,
Zum Schlachten wird es gebracht.

In der Kirchhofseck liegen zwei Musketier,
Verkrampft, zerlumpt, blutrot.
Ein Kastanienzweig deckt die Gesichter zu,
Wachsweiß und steif und tot.

Lamm Gottes, ich sah deinen wehen Blick,
Bring Frieden uns und Ruh,
Führ uns bald in die Himmel der Liebe zurück
Und deck die Toten zu.

Wo Verwesung über die Felder weht,
Da halte dein Opfermahl.
Bis wieder der Mensch mit dem Menschen geht
Durch deinen Sternensaal.

Diese Stimmung, die ja nur ein Spiegel dessen ist, was in Millionen Deutschen damals vorging, mußte früher oder später von den Parteien in Deutschland in Rechnung gestellt werden. Eine pazifistische Bewegung, die die Kriegsmüdigkeit hätte ausnützen und zur Massenbewegung hätte werden können, gab es nicht. Blieben also nur die Parteien.

Die Rechtsparteien, Konservative und Nationalliberale, versuchten durch die Gründung der Vaterlandspartei nochmals den Geist vom August 1914 heraufzubeschwören. Zentrum, Fortschrittspartei, Sozialdemokratie aber mußten sich zum Sprachrohr der mächtig anschwellenden pazifistischen Welle machen, wenn sie nicht allen Einfluß auf ihre Wähler verlieren wollten. Da aber der Pazifismus in keiner dieser Parteien über überzeugte Anhänger innerhalb des Führerapparates verfügte, entbehrte diese ganze Bewegung der Echtheit. Die ganze Tätigkeit, die in der Friedensresolution von 1917 gipfelte – es wird von dieser Resolution noch später die Rede sein –, entsprang nur der Absicht der beteiligten Parteien, die Kriegsmüdigkeit im Volk für ihre Parteizwecke zu benützen. Der Pazifismus dieser drei Parteien, die man dann später als die Weimarer Koalition bezeichnete, d. i. Zentrum, Fortschrittspartei und SPD, war nichts als eine Tarnung. Sie haben in allen entscheidenden Fragen bedingungslos die Gewalt der Obersten Heeresleitung anerkannt. Die einzige, wirklich pazifistische Partei war damals die Unabhängige Sozialdemokratische Partei, von der noch die Rede sein wird.

Der Krieg hatte die große Masse der Bevölkerung nur deshalb zur Begeisterung aufrütteln können, weil es den kaiserlichen Geschichtsfälschern gelungen war, ihn als Verteidigungskrieg aufzuziehen. 1916 war es jedoch nicht mehr möglich, dieses holde Märchen aufrechtzuerhalten. Die nunmehr einsetzende Propaganda vom Eroberungsfrieden, eine Art Lebensraumpolitik, Ausgabe 1916, wie die Rechtsparteien sie betrieben, war jedoch für leere Mägen schlecht verdaulich. Der ersehnte Friede – d. h. das Ende der Kämpfe und die bessere Versorgung mit Lebensmitteln – schien der Mehrheit der Bevölkerung leicht erreichbar, einfach, wenn Deutschland auf seine Eroberungen im Osten und Westen verzichtete. Wie wenig günstig die militärische Lage war, obgleich die deutschen Armeen tief in Feindesland standen, hatte ja die Zensur geschickt verborgen. Daher erschien ein „Friede ohne Annexionen und Kontributionen" ein ebenso einfacher wie sicherer Ausweg aus aller Not und dem Elend des Krieges.

Die erste Partei, die für diesen Frieden eintrat, waren die Sozialdemokraten. Sie fragten am 9. Dezember 1915 in einer Interpellation im Reichstag, „unter welchen Bedingungen der Reichskanzler bereit sei, in Friedensverhandlungen einzutreten". Der Reichskanzler, Bethmann Hollweg, antwortete auf die von Scheidemann begründete Anfrage in recht gemäßigtem Ton, allerdings nicht ganz der Wahrheit entsprechend:

„… Wir haben diesen Krieg, der uns aufgezwungen wurde nicht begonnen, um andere Völker zu unterwerfen, sondern um unser Leben und unsere Freiheit zu verteidigen …" (Rückübersetzt aus dem Englischen.)

Aber der Kanzler war ein schwacher Charakter, wesentlich schwächer, als das von Bismarck geschaffene Amt des Reichskanzlers verlangte. Er konnte sich bei aller Anständigkeit seiner persönlichen Gesinnung gegen die Rechte, die im Preußischen Landtag und im ganzen Reich alle Trümpfe in der Hand hatte, in der Obersten Heeresleitung und bei Hof alle wichtigsten Posten besetzt hielt, nicht durchsetzen. Die ganze Interpellation war daher ein Schlag ins Wasser, selbst wenn es den Interpellanten und dem Kanzler darum zu tun gewesen wäre, wirklich zu Friedensverhandlungen zu kommen, denn die Macht der Kriegspartei war viel zu stark. Man kann dabei vielleicht dem Kanzler mehr Aufrichtigkeit zutrauen als den Sozialdemokraten, denn wenn die Sozialdemokraten in ihrem Wunsch nach Frieden aufrichtig gewesen wären, so hätte eine geschlossene Verweigerung weiterer Kriegskredite durch die stärkste Fraktion des Reichstages zweifellos – noch bevor Hindenburg-Ludendorff zu den Diktatoren Deutschlands gemacht worden waren – einen entsprechenden Eindruck auf die Oberste Heeresleitung gemacht.

Zugegeben, nach der Bismarck-Verfassung des Deutschen Reiches war der Reichstag ohne jede wirkliche Macht. Trotzdem wäre eine Reichstagsdemonstration nicht ohne Folgen geblieben. Wie die Sache lag, hatte die Anfrage der Sozialdemokraten keinen andern Zweck, als dieser Partei daheim und im Ausland ein Alibi für Friedensliebe zu verschaffen, was um so nötiger schien, als die Parteispaltung unabwendbar geworden war. Die Reichstagsrede Scheidemanns, mit der er die Anfrage begründete, genügte, ihn im ganzen Lande populär zu machen; ja, man ging so weit, einen Frieden ohne Annexionen und Kontributionen als „Scheidemann-Frieden" zu bezeichnen. Diese Manöver brachten es mit sich, daß trotz der hartnäckigen Bewilligung aller Kriegskredite ein großer Teil ihrer Anhänger den Sozialdemokraten weiterhin die Treue hielt, ohne sich der neugegründeten Partei der Unabhängigen Sozialdemokraten anzuschließen.

Am 4.8.1914 hatte wohl die ganze sozialdemokratische Fraktion in der Reichstagssitzung für die Kriegskredite gestimmt, aber in der vorausgegangenen Fraktionssitzung hatten sich 14 Abgeordnete dagegen ausgesprochen. Die Zahl der Kriegsgegner innerhalb der Fraktion wuchs ständig. Im Dezember 1914 waren es 17, im März 1915: 25, im August 1915 schon 36 und im Dezember 1915 gar 43 Abgeordnete, die innerhalb der Fraktion gegen die Bewilligung von weiteren Kriegskrediten stimmten. Bei den meisten von diesen war die Parteitreue stärker als die antikriegerische Gesinnung, und sie stimmten im Hause trotz ihrer Überzeugung mit der Mehrheit. Ein Teil jedoch ging so weit, seine Überzeugung auch bei Abstimmungen im Reichstag selbst zum Ausdruck zu bringen. Bei der schon erwähnten Debatte über die Kriegsziele im Dezember 1915 stellte Haase, der Führer dieser Rebellen, fest, daß 31 Abgeordnete nicht mit der Erklärung der sozialdemokratischen Reichstagsfraktion einverstanden seien! Im März 1916 stimmte diese Gruppe gegen den Nothaushaltsplan (im Gegensatz zur übrigen Fraktion, die dafür stimmte), wobei Haase den Standpunkt der Gruppe wie folgt begründete:

„Wir Sozialisten, die wir den Krieg verabscheuen, widersetzen uns selbstverständlich seiner Verlängerung. In den proletarischen Massen wächst das Gefühl, daß sie für Interessen kämpfen sollen, die nicht die ihrigen sind …"

Auf Grund dieses Vorgehens wurde die Opposition von der Mehrheit aus der Fraktion ausgeschlossen und gründete am 24. März 1916 die „Sozialdemokratische Arbeitsgemeinschaft", die zu Ostern 1917 dann den Namen „Unabhängige Sozialdemokratische Partei"

(USPD) annahm. Damit hatte Deutschland seine erste wirklich aufrichtig pazifistische Partei erhalten, die mit unerbittlicher Schärfe während der ganzen Zeit ihres Bestehens nicht vom Kampf gegen Krieg, Kriegsgesinnung und Militarismus abließ.

Im ganzen Jahre 1916 stieg die kriegsgegnerische Stimmung der Bevölkerung im selben Maße, wie die Lebensmittelrationen abnahmen. Auch die Ernennung Hindenburgs zum Oberbefehlshaber am 29. August 1916 vermochte diese Stimmung nicht zu verbessern. Als im Frühjahr 1917 die russische Revolution ausbrach, stiegen wohl die Aussichten der Kriegsfreunde für kurze Zeit; als der gewünschte Sieg jedoch trotzdem auf sich warten ließ, sahen die linken Parteien bald ein, daß nur ein energischer Schritt, der wenigstens teilweise die Gefühle des Volkes berücksichtigen würde, die Lage retten und ernste Unruhen verhindern könne. Zu dieser Zeit war auch schon wenigstens ein Teil der Reichstagsmitglieder mit der wirklichen Kriegslage bekanntgeworden und hatte einsehen gelernt, daß die militärische Lage durchaus nicht irgendwelche Hoffnungen auf einen Endsieg rechtfertigte. Besonders der junge Zentrumsabgeordnete Erzberger, der die Ostfront besucht hatte, wo ihm General Hoffmann die Hoffnungslosigkeit der militärischen Lage geschildert hatte, wollte den Reichstag in Aktion bringen, denn dank seiner kirchlichen Beziehungen wußte er auch, daß der Papst in der nahen Zukunft einen Vermittlungsversuch machen werde. Um diesem Friedensversuch mehr Aussichten auf Erfolg zu geben dadurch, daß die Reichsregierung gezwungen sein würde, die Friedensbereitschaft des Volkes zur Kenntnis zu nehmen, hielt Erzberger am 6. Juli 1917 im Reichstagshaushaltsausschuß eine Rede, in der er namens des Zentrums sich der Formel des sogenannten Scheidemann-Friedens, d. h. keine Annexionen und keine Kontributionen, anschloß. Seine Rede führte dann zur folgenden Resolution des Reichstags, der sogenannten „Friedensresolution" vom 19. Juli 1917:

> „… Zur Verteidigung seiner Freiheit und Selbständigkeit, für die Unversehrtheit seines territorialen Besitzstandes hat Deutschland die Waffen ergriffen. Der Reichstag erstrebt einen Frieden der Verständigung und der dauernden Versöhnung der Völker. Mit einem solchen Frieden sind erzwungene Gebietserwerbungen und politische, wirtschaftliche oder finanzielle Vergewalti-

gungen unvereinbar. Der Reichstag weist auch alle Pläne ab, die auf eine wirtschaftliche Absperrung und Verfeindung der Völker nach dem Kriege ausgehen. Die Freiheit der Meere muß gesichert werden. Nur der Wirtschaftsfriede wird einem freundlichen Zusammenleben der Völker den Boden bereiten. Der Reichstag wird die Schaffung internationaler Rechtsorganisationen tatkräftig fördern. Solange jedoch die feindlichen Regierungen auf einen solchen Frieden nicht eingehen, solange sie Deutschland und seine Verbündeten mit Eroberung und Vergewaltigung bedrohen, wird das deutsche Volk wie ein Mann zusammenstehen und unerschütterlich ausharren und kämpfen, bis sein und seiner Verbündeten Recht auf Leben und Entwicklung gesichert ist …"

Diese Resolution wurde am 20. Juli mit 214 gegen 118 Stimmen bei 17 Enthaltungen angenommen. Die SPD hatte um so mehr Grund, für diese Resolution zu stimmen, da sie kaum einen Monat vorher bei der internationalen sozialistischen Konferenz in Stockholm ihre Friedensbedingungen festgelegt hatte, die sich im wesentlichen mit der Friedensresolution deckten, nämlich: Verzicht auf Annexionen und Kriegsentschädigungen, Wiederherstellungspflicht auf Gegenseitigkeit, Selbstbestimmungsrecht der Nationen, Abrüstung und Freiheit der Meere.

Wenn es den drei Parteien, die für die Resolution gestimmt hatten, d. h. Zentrum, Fortschrittspartei und Sozialdemokraten, auch nur einigermaßen ernst damit gewesen wäre, dann hätten sie einen entsprechenden Druck auf die Reichsregierung ausüben müssen, um zu Friedensverhandlungen zu kommen, statt, wie es geschah, die Resolution vor deren Vorlage im Reichstag mit dem Kaiser und der Obersten Heeresleitung zu besprechen und die von dieser vorgeschlagenen Änderungen des Textes durchzuführen. Aber nicht einmal dann war die Reichsregierung bereit, auf die von der Volksvertretung in so bescheidener Weise zum Ausdruck gebrachten Wünsche des Volkes einzugehen, denn der neue Reichskanzler, der unfähige Michaelis, brachte seine Zustimmung mit den berühmt gewordenen Worten zum Ausdruck: „Wie ich es auffasse". Da an sich der Wortlaut der Resolution sehr milde war, nahm ihr dieser Zusatz des Reichskanzlers jede Wirkung, und niemand im Ausland war

dadurch auch nur für einen Augenblick von Deutschlands Friedensliebe überzeugt.

So blieb das einzige Ergebnis der Friedensresolution eine ver-
stärkte Tätigkeit der in der Vaterlandspartei vereinigten nationalen
Kreise, die in der unerhörtesten Weise nunmehr gegen den vorgeschlagenen „Schmach- und Schandfrieden", wie sie den Verständigungsfrieden nannten, zu hetzen begannen.

Im Volk war die wahre Lage der Dinge unbekannt. Man wußte
nicht, daß die Resolution wegen der Ohnmacht des Reichstages und
der Unfähigkeit der Abgeordneten ein Schlag ins Wasser gewesen
war. Der Krieg ging weiter. Wie wenig die Reichsregierung bereit
war, überhaupt auf einen Verständigungsversuch einzugehen, zeigt
die niederträchtige Heuchelei, mit der sie die Friedensaktion des
Papstes 1917 vereitelte.

Der Papst hatte am 2. August 1917 Noten an alle kriegführenden
Mächte gerichtet, die durchaus annehmbare Vorschläge für die Beendigung der Feindseligkeiten enthielten:

„... Der grundlegende Punkt soll vor allem der sein, daß die ma-
terielle Gewalt der Waffen durch die moralische Kraft des Rechtes ersetzt wird ... Hierauf soll an die Stelle der Armeen eine
schiedsgerichtliche Einrichtung ... treten, nach deren Normen
und zu fassenden Sanktionen gemeinsam gegen denjenigen
Staat vorgegangen werden soll, der sich weigern würde, die internationalen Fragen dem Schiedsgericht zu, unterbreiten oder
dessen Beschlüsse anzunehmen ... Was die Kriegskosten ... an-
betrifft, sehen wir keinen anderen Weg ... als den vollständigen
und gegenseitigen Verzicht ... um so mehr, als man die Fortset
zung einer solchen Schlächterei aus wirtschaftlichen Gründen
nicht mehr verstehen würde ... Zurückgabe der gegenseitig in
diesem Augenblicke besetzten Gebiete ... Infolgedessen müßte
von seiten Deutschlands Belgien vollständig geräumt werden
und seine politische, militärische und wirtschaftliche Unabhängigkeit gesichert ... ebenso müßte das französische Gebiet geräumt werden ... Der Geist der Billigkeit und Gerechtigkeit soll
bei der Prüfung der anderen politischen und territorialen Fragen
maßgebend sein ..."

Diese, wie man leicht feststellen kann, überaus wichtige und bedeutungsvolle Note war für die Reichsregierung eine Quelle der Verlegenheit, denn man wollte Belgien unbedingt behalten, und, auch das französische Kohlenbecken von Brie-Longwy sollte nicht herausgegeben werden. Andererseits konnte man jedoch schon mit Rücksicht auf die Volksmeinung in Deutschland nicht gänzlich ablehnen, auf die päpstliche Note einzugehen. So wartete man denn auf alle Fälle mit der Antwort so lange wie nur irgend möglich. Diese Note war daher noch nicht beantwortet, als Kardinal Pacelli, der päpstliche Nuntius (Botschafter) in München, am 30. August 1917 in einem Brief an Reichskanzler Michaelis feststellte, daß die Möglichkeit von Friedensverhandlungen nunmehr gegeben sei. Es heißt in diesem Brief:

„Ich habe die hohe Ehre …, die Abschrift eines Telegramms zu übermitteln, das von … dem Gesandten des Königs von England bei dem Heiligen Stuhl … dem Kardinal Staatssekretär übergeben wurde; die französische Regierung schließt sich den … Darlegungen an … Darum hat mich Seine Eminenz (der Kardinal Staatssekretär, d. V.) beauftragt, die Aufmerksamkeit … auf den Punkt hinzulenken, welcher sich auf Belgien bezieht, und zu erreichen: 1. eine bestimmte Erklärung über die Absichten der Kaiserlichen Regierung bezüglich der vollen Unabhängigkeit Belgiens und der Entschädigung für den in Belgien durch den Krieg verursachten Schaden; 2. eine gleichfalls bestimmte Angabe der Garantie für politische, ökonomische und militärische Unabhängigkeit, welche Deutschland verlangt. Sei diese Erklärung befriedigend, so meint Seine Eminenz, daß ein bedeutender Schritt zur weiteren Entwicklung der Verhandlungen gemacht würde. Tatsächlich hat der erwähnte Gesandte … seine … Regierung bereits verständigt, daß der Heilige Stuhl auf die im angegebenen Telegramm enthaltenen Mitteilungen antworten wird, sobald er seinerseits … die Antwort der Kaiserlichen Regierung erhalten wird …"

Nach dem Zusammenbruch wurde ein parlamentarischer Untersuchungsausschuß vom Reichstag zur Prüfung der Friedensmöglichkeiten im Jahre 1917 eingesetzt, der im Herbst 1922 über diese Möglichkeit sagte:

„Eine ernste, von seiten der deutschen Regierung gewissenhaft zu prüfende Friedensmöglichkeit war bei Beginn der päpstlichen Friedensaktion vorhanden ... Die deutsche Regierung hat in der formellen Behandlung der päpstlichen Friedensaktion Fehler begangen."

Das ist recht milde ausgedrückt. Das Sprachrohr Ludendorffs, Reichskanzler Michaelis, erklärte dem Reichstag, dem gegenüber er wohl keine rechtliche Verantwortung trug, er habe wegen Belgien keinerlei Verhandlungsvorteile aufgegeben. Am 24. September endlich entschloß sich Michaelis, die Note Kardinal Pacellis zu beantworten. Er folgte dabei nicht dem Gebote der moralischen Verantwortung, die er dem kriegsmüden deutschen Volk gegenüber hatte, sondern ausschließlich dem Gebot der Obersten Heeresleitung und der Schwerindustrie. Er sagte in seiner Antwort an den Kardinal, daß er

„im heutigen Stadium der Dinge noch nicht in der Lage sei, eine bestimmte Erklärung über die Absichten der Kaiserlichen Regierung im Hinblick auf Belgien und auf die von uns gewünschten Garantien abzugeben."

Damit war die Möglichkeit, auf Grund der päpstlichen Note die bei den Westmächten zweifellos damals vorhandene Friedensbereitschaft für Friedensverhandlungen auszunützen, gescheitert. Michaelis' Antwort ist geradezu ein Hohn auf die Reichstagsresolution vom 19. Juli. Trotzdem konnte er sich straflos diese bodenlose Unverfrorenheit erlauben, denn die Mehrheitsparteien des Reichstages hatten wohl die Resolution angenommen, aber nicht die geringste Absicht, ihren Standpunkt und den ihrer Wähler gegen die Oberste Heeresleitung und die Schwerindustrie durchzusetzen. Die Stimmung des Volkes in Deutschland war für den Frieden wie nie zuvor – und dieser Friedenswille fand seinen einzigen Ausdruck in einer halbschlächtigen Resolution. Überdies ist die Ablehnung der päpstlichen Vorschläge um so weniger verständlich, als Reichskanzler Bethmann Hollweg in der Reichstagssitzung vom 4. August 1914 bezüglich Belgiens erklärt hatte:

„Wir sind in Notwehr, und Not kennt kein Gebot … Die französische Regierung hat zwar in Brüssel erklärt, Belgiens Neutralität respektieren zu wollen, solange der Gegner sie respektiere. Wir wußten aber, daß Frankreich zum Einfall bereit stand. Frankreich konnte warten, wir aber nicht … so waren wir gezwungen, uns über den berechtigten Protest der … belgischen Regierung hinwegzusetzen. Das Unrecht, das wir damit tun, werden wir wieder gutmachen, sobald unser militärisches. Ziel erreicht ist.“ (Hervorhebungen vom V.)

Aber 1917 war die politische Moral der führenden Kreise Deutschlands schon so weit gesunken, daß die Versprechungen von 1914 längst vergessen waren und nur mehr der nackte Landraub als legitimes Ziel angesehen wurde.

Die russische Revolution im November 1917 hatte noch einmal Hoffnung auf einen militärischen Endsieg gebracht. Wenn Rußland ausfiele und man alle verfügbaren Truppen nach dem Westen werfen könnte, müßte es doch noch möglich sein, den Feind entscheidend zu schlagen, bevor noch die Amerikaner eine militärische Entscheidung zugunsten Deutschlands unmöglich machten. Das sahen auch die Parteien ein, die für die Friedensresolution gestimmt hatten, und vom Herbst 1917 an wurde daher trotz aller Friedensstimmung und Kriegsmüdigkeit der Bevölkerung noch einmal eine Neuauflage des alten „Immer feste druff“ versucht. Natürlich waren Deutschlands Gegner nicht so dumm, diese Änderung der Politik der Reichstagsmehrheit zu übersehen; dazu kam noch, daß im Frühjahr 1918 die von Deutschland Rußland und Rumänien aufgezwungenen Gewaltfriedensverträge von Brest-Litowsk und Bukarest zeigten, daß der Pazifismus der Reichstagsabgeordneten im Sommer 1917, soweit er nicht einfach geheuchelt war, längst verraucht sein mußte. Denn alle sogenannten Friedensparteien stimmten für den Vergewaltigungsvertrag von Bukarest; der Vertrag von Brest-Litowsk, ein wenn möglich noch ärgerer Gewaltfriede, wurde vom Zentrum und der Fortschrittspartei (unter Stimmenthaltung der SPD) angenommen, die beide für die Friedensresolution gestimmt hatten. Wenn die Friedensparteien so aussahen, konnte es zu keiner Verständigung kommen, und das deutsche Volk mußte, trotz aller Kriegsmüdigkeit und aller unsäglichen Opfer, weitermarschieren bis zum bitteren Ende. Das Fehlen einer pazifistischen Bewegung, die die Stimmung der Bevölkerung hätte zum Ausdruck bringen können, öffnete den Weg nach Versailles und zu altem Elend der Nachkriegszeit.

Staatliches Propagandaplakat für eine Deutsche Kriegsanleihe im 1. Weltkrieg mit einer Zeichnung von Fritz Erler, 1917 | commons.wikimedia.org

V.

DIE SCHWACHE REPUBLIK

Die Republik in Deutschland krankte von Anfang an daran, daß sie nur einer Augenblicksstimmung und den Noten des Präsidenten Wilson ihr Entstehen verdankte und keine der Parteien geistig oder programmatisch darauf vorbereitet war, weder in der Führung noch in den Anhängern. Ebensowenig waren, von einigen wenigen Persönlichkeiten abgesehen, die Friedensvereine je auf die Republik eingestellt gewesen. Die Volksmassen Deutschlands waren wohl in einem unvorstellbaren Maße kriegsmüde; diese Kriegsmüdigkeit äußerte sich jedoch politisch darin, daß die Massen in den beiden sozialdemokratischen Parteien, den Mehrheitssozialisten und den Unabhängigen, die Rettung aus dem Chaos sahen. Da die eine dieser beiden Parteien, die SPD, die noch dazu wegen des ihr zur Verfügung stehenden Parteiapparates damals die weitaus stärkere war, nach dem Eingeständnis eines ihrer Führer „im Krieg diesem System so viel Soldaten und so viel Geld, wie es brauchte, bewilligt hatte" (Stampfer), und deren Führer, Ebert, nach seiner eigenen Aussage die Revolution „wie die Sünde" haßte, war diese junge Republik alles eher als pazifistisch, trotz der pazifistischen Stimmung der Bevölkerung. Dieser Führer Ebert hatte sich nicht nur der Einführung der republikanischen Staatsform bis zum letzten Augenblick widersetzt, wie sein treuer Paladin Scheidemann erzählt, sondern auch, gleich am Tage der Ausrufung der Republik selbst, eine Allianz mit dem Generalquartiermeister Groener abgeschlossen.

> „Am Abend des 9. November schloß ich telephonisch eine Allianz mit dem Volksbeauftragten Ebert, um gegen die Revolution zu kämpfen. Wir kämpften zusammen – und ich rechne mir das als Ehre an – gegen die Revolution von Anfang an ..." (Zeugenaussage Groeners unter Eid im Münchener Dolchstoßprozeß, 1935; aus dem Englischen rückübersetzt.)

Unter diesen Umständen war das Schicksal der Revolution bald besiegelt. Die beiden großen Pazifisten Liebknecht und Luxemburg waren die ersten Opfer des wiedererstarkenden deutschen Militarismus. Man mag über die übrigen Qualitäten und Verdienste der beiden Ermordeten verschiedener Meinung sein, ihre pazifistische Einstellung ist über jeden Zweifel erhaben. Sie fielen als Opfer, nicht, weil sie diese oder jene Auffassung über die gerechte Verteilung der Produktionsmittel oder über die Entwicklung der menschlichen Gesellschaft hatten, sondern weil sie immer, und unbedingt gegen den Militarismus in allen seinen Formen Stellung genommen hatten, eine Stellungnahme, die vor 1918 ungefährlich war, aber nun, bei der antimilitaristischen Stimmung weiter Kreise der Bevölkerung, dem Militarismus gefährlich hätte werden können. Gerade damals kam aber alles darauf an, den Militarismus ein paar kritische Monate lang gegen den Willen der überwiegenden Volksmehrheit am Leben zu erhalten. Eine ganze Reihe der führenden SPD-Politiker, Noske, Ebert, Scheidemann, Landsberg u. a., waren überzeugt, daß das Ende des Offizierskorps, das Ende des Militarismus auch das Ende Deutschlands als politischer Einheit bedeuten würde. Darum der gelungene Versuch, in den Freikorps einen Kader des Militarismus in die Republik hinüberzuretten. Liebknecht und Luxemburg waren in der Vergangenheit die schärfsten Gegner des Militärapparates gewesen. Wie gefährlich würden sie erst in der Zukunft sein! Darum, und nicht, weil sie radikale Sozialisten waren, wurden sie ermordet.

> „Nur politisch unwissende rohe Söldlinge, die sich von ihren reaktionären Offizieren gedeckt fühlten, konnten so schändliche Taten begehen: Sie sollten freilich das Instrument sein, zu dem die Regierung in ihrer äußersten Not gegriffen hatte. Aber dieses Instrument hatte seine eigene Gesinnung und seinen eigenen Willen, es beeinflußte auch den weiteren Verlauf der Ereignisse in unheilvoller Weise." (Stampfer.)

Sich dieses „Instrumentes" bedient zu haben trotz aller Proteste ihrer Wähler, eher deren Interessen und am Ende diese selbst als die Freischärler geopfert zu haben, ist die tragische Schuld der SPD und ihrer Ebert und Noske.

„War es gleich Wahnsinn, hatt' es doch Methode", denn das dritte Opfer dieser Reihe von Morden war Kurt Eisner, der Ministerpräsident Bayerns. Seine unbedingt pazifistische Einstellung war allgemein bekannt. Schon Ende November 1918 hatte er begonnen, Dokumente des bayrischen Außenministeriums zu veröffentlichen, die die deutsche Verantwortung am Weltkrieg zeigten. So brachte Eisners Amtszeit als Ministerpräsident die niederschmetternde Veröffentlichung des Berichtes der bayrischen Gesandtschaft in Berlin vom 18. Juli 1914, die wesentlich zur Festlegung der deutschen Schuld an der Auslösung des Weltkrieges beitrug. Der von ihm ernannte bayrische Gesandte in der Schweiz war einer der entschiedensten deutschen Pazifisten, Professor Friedrich Wilhelm Foerster. Am 21.2.1919 wurde Eisner erschossen; Pazifisten waren in Deutschland ihres Lebens nicht sicher, zur Zeit der Republik weniger als je zuvor. Überflüssig zu sagen, daß keiner dieser drei Morde gesühnt wurde. Eine Breslauer Zeitung, die aufgefordert hatte, den Nobelpreisträger und führenden deutschen Pazifisten Fried und alle seine Geistesverwandten an die Mauer zu stellen, denn es blieben immer noch genug seines Gelichters übrig, wurde zu 20 Papiermark Geldstrafe verurteilt. So sah also die Republik aus. Der Militarismus hatte den Krieg verloren; ein paar Tage lang schien es, als ob eine neue Ära der deutschen Geschichte beginnen sollte; aber dann saß der Militarismus wieder im Sattel, stärker als je zuvor.

Der Geist jener Zeit der Herrschaft der Freischaren, des langsam wiedererstarkenden Militarismus, wird am besten durch ein scheinbar unbedeutendes Ereignis gekennzeichnet: Am 14. März 1919 wurde in der Wohnung des Privatdozenten Dr. Gumbel Immanuel Kants Schrift „Zum ewigen Frieden" von haussuchenden Freischärlern als „spartakistische Literatur" beschlagnahmt!

Daß nunmehr einige pazifistische Vereine die theoretische Freiheit der Republik benützten, um ihre durch Krieg, Zensur und Gesinnungswechsel mancher Mitglieder unterbrochene Tätigkeit wieder aufzunehmen, konnte an dem Umstand nichts ändern, daß nur ein verschwindender Bruchteil führender Männer in Deutschland den Mut aufbrachte, über den wahren Anteil Deutschlands am Ausbruch des Weltkrieges öffentlich zu sprechen und zu schreiben. Die Tatsache, daß die Mitglieder der deutschen Friedensbewegung, die nun ihre Tätigkeit wieder aufnehmen konnte, zu dieser Minderheit gehörten, ist ihnen hoch anzurechnen; um so höher, als die politischen Parteien, auch die linken, auch in dieser Beziehung versagten. Eduard Bernstein, einer der Führer der SPD, der es wagte, auf dem ersten Parteitag der SPD nach der Revolution, Weimar 1919, von der deutschen Kriegsschuld zu sprechen, hatte damit keinerlei Erfolg. Die SPD machte David zum Präsidenten der Nationalversammlung,

> „ein Mann ... der wie kein Reaktionär die Unschuld Deutschlands am Weltkrieg, die Schuld der anderen behauptete."
> (A. H. Fried)

In der Kriegsschuldfrage haben die deutschen Pazifisten zweifellos voll ihren Mann gestellt. Der nach der Revolution wieder ins Leben gerufene Bund Neues Vaterland erklärte im Mai 1919 in der „Friedens-Warte":

> „Noch lange aber fühlen wir uns nicht als arme Sünder, wenn wir zu dem Ergebnis kommen, daß trotz allem Elend und trotz aller Not für die Menschheit und damit schließlich Tür uns selbst es ein Glück gewesen ist, daß die Verbrecher von 1914 nicht gewonnen haben, denn diese ganze Kriegspolitik, das Spiel mit dem Feuer, das Ultimatum an Serbien, der Einbruch in Luxemburg und Belgien, war ausgesprochenes Verbrechertum, und zuletzt bleibt auch das politisch unfähigste Volk verantwortlich für die Taten einer Regierung und hat dafür die Folgen zu tragen."

Der achte deutsche Friedenskongreß (Berlin, 13. bis 15. April 1919) erklärte in seinen Resolutionen:

> „Die Versammlung erkennt prinzipiell die Schuld Deutschlands am Ausbruch des Weltkrieges an ... Der achte deutsche Pazifistenkongreß erkennt an, daß die gestürzte kaiserlich-deutsche Regierung durch die bedingungslose Unterstützung der österreichisch-ungarischen Prestige-Politik gegen Serbien schwere Schuld auf sich geladen hat. Sie ist dadurch für den Ausbruch des Krieges unmittelbar mitverantwortlich geworden. Der Kongreß weist aber zugleich darauf hin, daß das deutsche Volk in seiner überwältigenden Mehrheit so wenig wie die andern Völker den Krieg gewollt hat, sondern sich, getäuscht über die Entstehungsursachen, in ihn hat hineintreiben lassen ..."

„… der Kongreß erkennt an, daß die entscheidende Schuld am
Ausbruch des Weltkrieges die alte deutsche und österreichisch-
ungarische Regierung in Gemeinschaft trifft."

Der Österreicher Friedrich Hertz führte in der „Friedens-Warte"
1919 die deutschen kriegerischen Tendenzen auf die unvollkommen
entwickelte Demokratie in Deutschland zurück:

„Immerhin aber waren die aggressiven Tendenzen gerade bei
den deutschen Machthabern besonders stark entwickelt, und es
fehlten leider die Gegenkräfte, die selbst in unvollkommenen
Demokratien sich notwendigerweise entwickeln und der militärischen Ambition die Waage halten."

Auch der Gründer der Deutschen Friedensgesellschaft, der Nobelpreisträger A. H. Fried, nahm wiederholt in der eindeutigsten Weise
zur Schuldfrage Stellung. Um nur ein Beispiel herauszugreifen:

„Der Kampf, der um die Frage der Schuld oder Nichtschuld bei
der Auslösung des Krieges entbrannt ist, hat an Bedeutung weit
das Problem überschritten, mit dessen Lösung er sich befaßt. Die
Angelegenheit ist zu einem Kampf der Weltanschauung geworden, zu einem Ringen zwischen dem alten Deutschland mit seinen reaktionären Einrichtungen und reaktionären Kräften, in denen die Wurzeln des Weltkrieges an sich schon ihren Nährboden
und ihre Verankerung fanden, und dem neuen Deutschland mit
seiner demokratischen Grundlage und seiner Eingliederung in
den übernationalen Bau der Weitorganisation. Auf diesem
neuen Boden und unter dem internationalen Dach kann nur der
zum Wohl seines Volkes und seines Landes wirken, der die Fehler und Irrtümer der Vergangenheit erkennt, sie zugibt und den
Mut hat, sie dem schmerzvoll gebeugten Volk, das Schmeichel-
reden eher zugänglich ist als bitteren Wahrheiten, zu verkünden.
Nur durch die erdrückend finstere Nacht der Schuldbekennung
führt der Weg zum Licht der Wiedererhebung und Genesung.
Die Wahl ist für jeden, der es wirklich gut meint mit Volk und
Land, nicht schwer …"

Aber die von Fried geforderte Auseinandersetzung der Weltanschauungen konnte schon deshalb nicht stattfinden, weil in einer anderen, ebenso wichtigen Frage wie der nach der Kriegsschuld, der des Friedensvertrages, nicht nur das offizielle Deutschland, sondern auch die Pazifisten völlig versagten und es nicht wahrhaben wollten, daß die Taten des verbrecherischen Leichtsinns der im Juli 1914 in Berlin und Wien regierenden Herren in den Friedensverträgen die entsprechende Sühne finden mußten. Während die SPD noch bis zur Revolution die Lüge vom Verteidigungskrieg aufrecht erhielt – das Hauptorgan dieser Partei, der „Vorwärts", schrieb noch am 31. Oktober 1918, also fünf Minuten vor Torschluß: „Der Kaiser hat diesen Krieg nicht gewollt" – und die Parteien rechts von der SPD womöglich noch weniger von der Kriegsschuld hören wollten, waren die pazifistischen Vereine, wiewohl den deutschen Anteil an der Auslösung des Krieges zugestehend, doch nicht folgerichtig, genug in ihren Handlungen, um die entsprechende Sühne in den Friedensverträgen als solche aufzufassen. Dadurch aber, daß es, außer der USPD, und Einzelgängern, niemanden in ganz Deutschland gab, der gesagt hätte, wir haben gesündigt, wir müssen sühnen, gab man – und das ist die tragische Schuld der pazifistischen Vereine und ihrer Leistungen – der Reaktion aller Schattierungen die Mittel in die Hand, die Friedensverträge zum Anlaß und Gegenstand ihrer Werbetätigkeit zu machen, wodurch, die Rechtskreise ein Sprungbrett bekamen, nicht nur die Friedensverträge, sondern überhaupt die Republik zu bekämpfen. Es ist ein schwerer, aber berechtigter Vorwurf, den man der wiedererstandenen Friedensbewegung machen muß, der Reaktion das Stichwort für ihr Auftreten geliefert zu haben.

VI.
Der Kampf um Versailles

Abgesehen von einigen Veröffentlichungen in pazifistischen und linksradikalen Zeitschriften, die nicht sehr weit verbreitet waren, hatte das deutsche Volk keinerlei Möglichkeiten, die Schuld der deutschen Machthaber des Jahres 1914 und der vorhergehenden Jahrzehnte am Kriegsausbruch festzustellen. Ebensowenig war das Volk darüber im klaren, daß der Friedenswille der Mehrheit der deutschen Bevölkerung im Jahre 1917 keinen anderen Ausdruck fand als den der Friedensresolution des Reichstages, die von der verantwortungslosen Reichsregierung um alle Wirkung gebracht wurde (siehe Kapitel IV). Auch die Art der deutschen Kriegführung blieb den meisten gänzlich unbekannt, und die Reichsregierung hütete sich, darüber mehr als unbedingt notwendig mitzuteilen. Resolutionen wie die des achten deutschen Friedenskongresses blieben so leider ohne den gewünschten und notwendigen Erfolg:

„Aus Anlaß einer Veröffentlichung des Professors Wilhelm Friedrich Foerster ‚Zur Beurteilung der deutschen Kriegführung‘ bedauert der achte deutsche Pazifistenkongreß aufs tiefste alle über die Kriegsnotwendigkeiten hinausgehenden grausamen und der Würde des Menschen hohnsprechenden Maßnahmen der früheren deutschen Heeresleitung. Er fordert im Anschluß an die bisherigen Veröffentlichungen volle Aufklärung durch weitere Untersuchungen und Bekanntgabe der Untersuchungsergebnisse in weitesten Kreisen. Er gibt der Gewißheit Ausdruck, daß das deutsche Volk, das bisher in seiner großen Mehrheit von diesen Dingen so gut wie nichts wußte, sich nach deren Veröffentlichung seiner Mißbilligung anschließen wird.“

Obwohl also die deutsche Bevölkerung nicht wußte, wie die Reichsregierung alle Friedensmöglichkeiten, die sich geboten hatten, unausgenützt ließ und überdies die systematische Zerstörung von industriellen Anlagen und Eigentum beim Rückzug im Westen dem deutschen Volk unbekannt war, was beides die scheinbare Härte des Versailler Vertrages erklärte, war die Ablehnung des Friedensvertrages von Versailles nicht so allgemein in Deutschland, wie man es beim Stande der allgemeinen Unkenntnis hätte erwarten können. Die politische Reife scheint damals in Deutschland höher gewesen zu sein als nachher. Hitler schreibt in „Mein Kampf" über den Beginn seiner Propaganda:

> „Es (das Volk) wollte nicht hören oder verstehen, daß Versailles eine Schande und Schmach sei, ja nicht einmal, daß dieses Diktat eine unerhörte Ausplünderung unseres Volkes bedeute."

Es ist bedauerlich, daß die deutschen Friedensvereine die von den Rechtsparteien betriebene Agitation gegen Versailles ebenso mitmachten wie die Sozialdemokraten oder das Zentrum.

So erklärte die radikale pazifistische Vereinigung Deutschlands, der sonst so aufrechte Bund Neues Vaterland (die spätere Liga für Menschenrechte), in einer Resolution (Mai 1919):

> „… Trotzdem ist uns jetzt ein Friedensvertrag vorgelegt worden, der mit den vierzehn Punkten Wilsons wesentlich unvereinbar ist … (Mit welchen? Eine Gegenüberstellung der vierzehn Punkte mit dem Versailler Vertrag zeigt, daß im wesentlichen kein Gegensatz besteht. D. V). … In letzter Stunde rufen wir die Pazifisten und Sozialisten aller Länder auf, sich dafür einzusetzen, daß das Selbstbestimmungsrecht aller Völker einschließlich des deutschen gewahrt und dem deutschen Volke die wirtschaftliche Lebensmöglichkeit gleich allen übrigen gelassen werde … Deutschland … könnte aber einen Vertrag, der in einzelnen Bedingungen nicht nur das deutsche Volk, sondern auch alle übrigen Völker schwer schädigt, nur mit der Erklärung, daß er unerfüllbar ist, unterschreiben … aber die überall unausbleiblichen politischen Umwälzungen werden *die Revision des unerfüllbaren und unerträglichen Vertrages nach sich ziehen …"* ([kursiv] vom V.).

Franz Karl Endres, der Verfasser eines sonst sehr vernünftigen und lesenswerten Buches „Die Tragödie Deutschlands", nahm in der leidenschaftlichsten Weise gegen Versailles Stellung. Besonders Fried trat in dem Kampf gegen Versailles hervor. Hören wir ihn selbst (aus seinem Kriegstagebuch unter dem Datum vom 17. Mai 1919):

„Das Wort ‚unannehmbar‘ klingt von allen Lippen, schreit aus jeder Zeile, wird in Tausenden und Tausenden Protestversammlungen im Reich wiederholt. Die Sitzung der Nationalversammlung in der Aula der Berliner Universität sprach ihre Entrüstung aus. Nur die Unabhängigen … sind für die Unterzeichnung … alle anderen Parteien sind für Ablehnung. Je mehr Einzelheiten man hört, um so mehr befestigt sich die Anschauung, daß hier ein Wahnsinnsakt vorliegt. Das ist ein Werk, von Besessenen geschaffen. Und man hört fortwährend neue Einzelheiten. Der Vertrag ist unerschöpflich. Das Bild wird immer klarer … die Einsperrung eines Millionenvolkes in ein Strafgefängnis, das ist das Problem. Der Pariser Fünfmännerrat, der Deutschlands gesamtes staatliches Leben überwachen soll …, ist die Zuchthausaufsicht … Es ist mißlich, daß man sich bei der Beurteilung dieser Friedensbedingungen in einer Gesellschaft befindet, die man bisher gemieden und weiter gern meiden möchte. Alle Kriegshetzer und Annexionisten stimmen natürlich mit uns. Das ist das Traurige, daß sich jene überhaupt berufen fühlen, mitzureden … das Recht zu protestieren haben jetzt nur wir … die anderen haben zu schweigen … denn sie sind die Urheber dieser Schmach, die jetzt dem deutschen Volk angetan wird.“

Aber sie schwiegen nicht, die „Urheber dieser Schmach“, und die Pazifisten lieferten ihnen die Argumente.

Ein französischer Pazifist, Professor Th. Ruyssen, Präsident der Gesellschaft „La Paix par le Droit“, wies in seiner Erwiderung auf Frieds Buch „Der Weltprotest gegen den Versailler Frieden“ deutlich auf diese Gefahr hin:

„… Meiner Ansicht nach erhebt sich nun die Frage, ob es angebracht ist, daß die Pazifisten bereits am Nachtag der Unterzeichnung und Ratifizierung des Friedens in den Krieg gegen den Versailler Vertrag eintreten. Es ist selbstverständlich, daß es wohl in keinem Land einen Pazifisten gibt, der diesen Vertrag vollkommen findet, und wir in Frankreich haben in dieser Hinsicht unabweisbare Vorbehalte formuliert. Aber wir unterließen es auch nicht, auf die glücklichen Neuerungen hinzuweisen, die er enthält; Neuerungen, die wir eifersüchtig verteidigen müssen, und die dadurch zu beeinträchtigen, daß nun die Aufmerksamkeit ausschließlich auf die schweren Unzulänglichkeiten oder auch die Unvollkommenheiten lenkt, äußerst unklug wäre … Es sei mir gestattet, es hier in voller Aufrichtigkeit zu sagen, daß mir diese Voreingenommenheit … große Gefahren zu enthalten scheint. Es genügt …, sich klar darüber zu werden, daß die deutsche Presse gegenwärtig, von der äußersten Linken bis zur äußersten Rechten, angefüllt ist mit äußerst bitteren Vorwürfen über den Versailler Vertrag … Auch die deutsche Regierung tritt in dieses Konzert durch die Herren Ebert und Bauer mit Kundgebungen ein, von denen man sagen kann, daß sie zumindest unklug sind. Wenn die Pazifisten selbst sich nicht bemühen, gegen diese allgemeine Erscheinung aufzutreten, ist die Sache des Friedens sehr geschädigt … Man verstehe mich wohl. Ich verlange von den deutschen Pazifisten keineswegs, ihre Gefühle über jene Teile des Vertrages zu verbergen, die sie für schlecht halten … Aber bei einer so ernsten … Angelegenheit genügt es nicht, die Wahrheit unter einem … einseitigen Gesichtspunkt darzustellen; man muß vielmehr die ganze Wahrheit sagen, wenn man nicht in gefährlicher Weise die öffentliche Meinung irreführen will … Ich erwarte keineswegs, noch wünsche ich es, daß die deutschen Pazifisten eine aktive oder gar nur eine stumme Zustimmung zu allen Bestimmungen des Versailler Vertrages geben. Ist es aber zuviel, von ihnen zu verlangen, daß sie sich über den Ton der täglichen Polemiken in der Presse erheben und mit gleichmäßiger Aufrichtigkeit und mit gleichen Nachdruck in den Vordergrund stellen die durch den Versailler Vertrag verwirklichten Eroberungen des Rechtes sowohl wie die unbestreitbaren Ungerechtigkeiten, durch die dieser Vertrag unseligerweise befleckt ist? … Ich begreife es, daß es für deutsche Bürger bitter ist, anzuerkennen, daß ein Vertrag, der die Niederlage ihres Landes besiegelt und diesem eine sehr schwere finanzielle Belastung und gewisse Gebietsverstümmelungen auferlegt, dennoch in gewissen wesentlichen Bestimmungen der Gerechtigkeit und den demokratischen Zielen entspringt. *Wenn jedoch die deutschen Pazifisten und Demokraten nicht dahin gelangen, über sich selbst diesen moralischen. Sieg zu erringen, werden sie nur dahin kommen, die unheilvolle, sicherlich bereits durch die Militär-*

partei und die Reaktionäre unternommene Kampagne zu stärken ..."
(Hervorhebungen vom V.).

Die Zukunft hat gezeigt, daß Professor Ruyssen recht hatte. Die von ihm vorhergesehene Kampagne war bald im vollsten Schwung. Das Hauptgewicht der Agitation kehrte sich gegen die angeblich in Art. 231 niedergelegte „Kriegsschuldlüge". Es muß ein verdammt schlechtes Gewissen gewesen sein, das in diesem Kampf zum Ausdruck kam, denn dieser „Schuldparagraph" lautete in der amtlichen deutschen Übersetzung:

„Die alliierten und assoziierten Mächte erklären und Deutschland erkennt an, daß Deutschland und seine Verbündeten für alle Verluste und Schäden verantwortlich sind, die die alliierten und assoziierten Regierungen und ihre Staatsangehörigen infolge des ihnen durch den *Angriff* Deutschlands und seiner Verbündeten aufgezwungenen Krieges erlitten haben."

Dieser Artikel, in dem von der Kriegsschuld überhaupt nicht die Rede ist, wurde in einer Weise ausgelegt, die nur durch schlechtes Gewissen erklärt werden kann, denn an dem Angriff Deutschlands auf Belgien und an dem Angriff seines „Bundesgenossen in schimmernder Wehr" auf Serbien konnte wohl niemand zweifeln, ebensowenig wie daran, daß eben durch diese beiden Angriffe der Krieg hervorgerufen wurde. Trotzdem erklärte Reichskanzler Bauer (SPD) vor der Unterzeichnung des Vertrages am 22. Juni 1919 in der Nationalversammlung:

„Wir legen weiterhin den größten Nachdruck auf die Erklärung, daß wir den Artikel 231 des Friedensvertrages, der von Deutschland fordert, sich als alleiniger Urheber des Krieges zu bekennen, nicht annehmen können und durch die Unterschrift nicht decken."

Da im Artikel 231 von einer Alleinschuld Deutschlands nicht die Rede ist, kann man diesen „Kampf gegen Windmühlen" nur so verstehen, daß er mit Absicht geführt wurde, um das kaiserliche Deutschland und damit den Geist von 1914 zu verteidigen. Deutschland hatte wenigstens vorläufig scheinbar nicht den Wunsch, der in der Antwortnote der Entente zum Ausdruck gebrachten Hoffnung zu entsprechen:

„… Die alliierten und assoziierten Mächte haben keinerlei Absicht, Deutschland zu erdrosseln oder daran zu hindern, den ihm zukommenden Platz im Welthandel einzunehmen … Sie wünschen, daß die durch den Krieg wachgerufenen Leidenschaften möglichst bald aussterben sollen, und daß alle Nationen Anteil haben sollen an dem Wohlstande, der sich aus der ehrlichen Versorgung der gegenseitigen Bedürfnisse entwickelt. Sie wünschen, daß Deutschland diesen Wohlstand genießen soll, ebenso wie die anderen Völker …"

Aber die überwiegende Mehrheit der Nationalversammlung wollte von diesen versöhnlicheren Tönen nichts hören. Während der Artikel 232 ausdrücklich davon spricht, daß Deutschlands Mittel zur Wiedergutmachung nicht hinreichen würden:

„Die alliierten und assoziierten Regierungen erkennen an, daß Deutschlands Mittel nicht ausreichen – nach Berücksichtigung der dauernden Verminderung dieser Mittel, welche aus anderen Bestimmungen des gegenwärtigen Vertrages entstehen – um für alle Verluste und Schäden im ganzen Umfang Reparationen zu leisten …"

sagte Scheidemann, der damalige Ministerpräsident, in der Nationalversammlung am 12. Mai 1919:

„… dies dicke Buch, in dem hundert Absätze beginnen: Deutschland verzichtet, verzichtet, verzichtet – dieser schauerlichste und mörderische Hexenhammer, mit dem einem großen Volk das Bekenntnis der eigenen Unwürdigkeit, die Zustimmung zur erbarmungslosen Zerstückelung, das Einverständnis mit Versklavung und Helotentum abgepreßt werden sollen, dies Buch darf nicht zum Gesetz der Zukunft werden. Welche Hand müßte nicht verdorren, die sich und uns in diese Fessel legt? Und dabei sollen wir die Hände regen, sollen arbeiten, Frondienste für die ganze Welt leisten …"

Aber nicht nur das. Sie war der Ausgangspunkt einer wütenden, nicht endenwollenden Agitation, die bis 1939 und darüber hinaus dauerte. Es ist vielleicht der größte und folgenschwerste Fehler, daß die deutsche pazifistische Bewegung nicht allen ihren Einfluß einsetzte, die Bestimmungen des Vertrages von Versailles ins richtige Licht zu rücken. Gewiß waren nicht alle Bestimmungen zu verteidigen, aber das, was Fried und die anderen Pazifisten trieben, war mit Vernunftgründen nicht zu erklären. Sie versäumten so ihre wichtigste Aufgabe, den Exzessen des Nationalismus objektiv und klar gegenüberzutreten, bevor noch die Atmosphäre von Propaganda vergiftet war. Das haben die Anhänger der Friedensbewegung in Deutschland versäumt, und dadurch haben sie ebenso versagt wie die linken politischen Parteien, denen die Mehrheit der damals pazifistisch eingestellten Bevölkerung im Jahre 1919 ihre Stimmen gab. Durch dieses Versäumnis wurde es dem Nationalismus als Idee möglich, sich bis weit hinein in die linken Parteien breitzumachen; so wurde von Anfang an darauf verzichtet, reinen Tisch mit der Vergangenheit zu machen; so wurden die Möglichkeiten, die sich aus der gleich nach dem Umsturz vorhandenen pazifistischen Stimmung weitester Kreise der kriegsmüden Bevölkerung ergeben, nicht ausgenützt. So war es möglich, daß der Militarismus nach wenigen Wochen schon sein Haupt wieder erheben konnte und den Weg fand, sich die Republik so dienstbar zu machen, wie die Monarchie es gewesen war, und daß Pazifisten und andere Anhänger des Fortschritts in der Republik mehr geächtet und vogelfrei waren als je in der Monarchie. Die Halbschlächtigkeiten der pazifistischen Politik, in der Kriegsschuldfrage Deutschlands Verantwortung anzuerkennen, in der Frage der Friedensverträge jedoch jede Sühne dafür abzulehnen, schwächte von Anfang an die Republik und öffnete der Reaktion Tür und Tor, wieder zu erstarken und im geeigneten Moment die Macht zu ergreifen. Der Kampf gegen Versailles war es, der dem deutschen Militarismus den Mut gab, den nächsten Krieg vorzubereiten, kaum, daß die letzten Schüsse des einen Krieges verhallt waren.

VII.

Der Militarismus erstarkt

Die Republik in Deutschland, von vielen Millionen mit aufrichtiger Freude begrüßt, brachte jedoch keinerlei durchgreifende Änderung des Geistes der herrschenden Schicht der hohen Bürokratie und des Militärs. Von Anfang an sahen die führenden Männer der Regierung eine ihrer Hauptaufgaben darin, den militärischen Kräften zu bestätigen, daß sie „im Felde unbesiegt" geblieben seien und daß sie, in Gestalt der verschiedenen Freikorps, ebenso die Stützen des neuen Deutschlands seien, wie sie die des alten gewesen waren. Der Kampf gegen Versailles hatte die verschiedenen Gruppen der Weimarer Nationalversammlung – mit Ausnahme der wenigen USPD-Vertreter – zu einer Art neuer August-1914-Stimmung vereint. In diesen Geist wurde die neue Verfassung so niedergelegt, daß sie wohl rein äußerlich gesehen auf die geänderten Verhältnisse Rücksicht nahm, aber da es innerhalb der Ministerien, an den Hochschulen und an allen Enden an aufrechten Vertretern dieser neuen Zeit mangelte, blieben die lobenswerten Bestimmungen der Verfassung nichts als bedrucktes Papier. So sagte die Verfassung vom 11. August 1919 in Art. 148 u. a.:

> „in allen Schulen ist sittliche Bildung, staatsbürgerliche Gesinnung, persönliche und berufliche Tüchtigkeit im Sinne des deutschen Volkstums und der Völkerversöhnung anzustreben",

während in anderen Artikeln das Völkerrecht als bindender Bestandteil des Reichsrechtes übernommen: wird. Aber alle diese schönen Vorsätze bleiben solche, ohne je wirklich zur Ausführung zukommen.

Wie bei der wohl nicht rechtlichen, aber tatsächlichen Herrschaft der reaktionärsten Form des Militarismus, der Landsknechte der Freikorps, nicht anders zu erwarten war, setzte auch bald, trotz aller Beteuerungen von Volksherrschaft und neuem Geiste, ein scharfer Kampf gegen den Pazifismus ein. Der Bund Neues Vaterland stellte in einer Denkschrift an den 9. Deutschen Pazifisten-Kongreß zu Braunschweig 1920 fest:

„Die Hoffnung der deutschen Pazifisten, daß mit dem Zusammenbruch des alten Systems auch für sie eine Zeit ruhiger und ungestörter Arbeit anbrechen würde, hat sich nicht erfüllt. Schlimmer ist, daß die Behörden, die zivilen sowohl wie die militärischen, in offenbarer Mißachtung der demokratischen Verfassung nicht im entferntesten daran denken, Gewalttaten zu sühnen oder ihnen auch nur vorzubeugen ... Bereits im Januar 1919 war der Sekretär des Bundes, Otto Lehmann-Rußbüldt, wiederholt Gewalttätigkeiten ausgesetzt. Militärpersonen drangen zur Nachtzeit in seine Wohnung, raubten wesentliche Bestandteile seiner Korrespondenz und schleppten ihn zur Wache, wo er ohne Entschuldigung entlassen wurde. Beschwerden ... blieben erfolglos ... Einige Tage später wurde das Büro des Bundes von Soldaten heimgesucht, die Akten mitnahmen und es versiegelten. Beschwerden blieben erfolglos ... Eine Versammlungssprengung folgte der andern ... In einigen Fällen, wie in der großen Versammlung der ‚Deutschen Liga für Völkerbund‘, in der Prof. Götz und Reichsminister Erzberger sprechen sollten, war die herbeigerufene Reichswehr weder fähig noch willens, zum Schutz der Bedrohten gegen die Ruhestörer einzugreifen. Dasselbe Bild wiederholte sich in einer Reihe von deutschen Städten ... So wurden in Hamburg Alexander Moissi und Sanitätsrat Dr. Magnus Hirschfeld mit Knütteln bedroht und mit Stinkbomben bedacht ... Der krasseste Vorfall dieser Art trug sich am 20. Februar 1920 in ... Charlottenburg ... zu. Nachdem der Redner des Abends, Helmut. von Gerlach, seine Einleitungsworte gesagt hatte, wurde ihm das Reden durch einen Schwall von Zwischenrufen unmöglich gemacht. Uniformierte Gestalten und Baltikumer ... umringten den Redner, beschimpften und mißhandelten ihn schwer ... Wie er, wurden auch der Vorsitzende der Versammlung, Herr Dr. Gumbel, sowie eine Reihe von Versammlungsteilnehmern blutig geschlagen ... Am 21. März d. J. wurde eines unserer tätigsten Bundesmitglieder, Alexander Futran, in Köpenick von einem Standgericht. zum Tode verurteilt und unmittelbar darauf erschossen. (Zeit des Kapp-Putsches D. V.) Natürlich sah das Standgericht in ihm einen ‚bolschewistischen‘ Führer. Von einem Vertreter des Reichswehrministeriums wurde zugegeben, daß die Erschießung zu Unrecht erfolgt sei.

… Am 22. Mai dieses Jahres wurde Hans Paasche auf seinem Gute Waldfrieden „auf der Flucht" erschossen. Die näheren Umstände sind bis heute noch unbekannt, da den Berichten der exekutierenden militärischen Formation irgendwelcher Wert nicht zuzubilligen ist. Man wirft Paasche vor, er sollte Kommunist gewesen sein und auf seinem Gute Waffen verborgen gehalten haben. Daß das nicht der Fall gewesen ist, haben auch die untersuchenden Behörden zugeben müssen … Man möge daraus schließen, was wir Pazifisten in Deutschland in Zukunft zu erwarten haben … Gehen solche Schläge gegen die deutschen Pazifisten weiter, so muß das hemmend auf die Zukunft des Pazifismus wirken …"

Das ist natürlich nur ein kleiner Bruchteil der Fälle, mit denen der Einzug der Demokratie in Deutschland gefeiert wurde. Die Unfähigkeit oder Unwilligkeit der Reichsregierung, nach dem Kapp-Putsch die Elemente der Reaktion entsprechend zu bestrafen, führte zu den geschilderten und vielen anderen, ähnlichen Exzessen, denen gegenüber keine Reichs- oder Landesbehörde einschritt. Die Verwilderung der Sitten im politischen Kampf, die von den republikanischen Behörden stillschweigend geduldet wurde, hat wesentlich zum Untergang derselben. Republik beigetragen. Man geht wohl kaum fehl in der Annahme, daß dieses Stillschweigen der Behörden auf ihre Sympathien mit den reaktionären Mächten zurückzuführen ist, während die neugewählten republikanischen Funktionäre zu feige oder zu unwissend waren, gegen die Mächte von gestern vorzugehen. Der Pazifismus in Deutschland hatte also nicht nur um die Seele des Volkes, sondern auch gegen den republikanischen Staatsapparat von Anfang an in einer Weise zu kämpfen, wie es bei allem Militarismus der Kaiserzeit vor 1914 nie nötig gewesen war. Daher ist es verständlich, daß der Fortschritt der Friedensidee schon sehr bald entscheidend gehemmt und bald gänzlich unmöglich gemacht wurde, wiewohl damals nach 1918 die Kriegsmüdigkeit im Reich einen höheren Grad erreicht hatte als jemals zuvor. Pazifistische Hochschullehrer, wie Professor Nicolai, Professor Einstein, Dozent Dr. Gumbel, waren ihres Lebens nie sicher, und es war selten, daß sie einige Minuten ohne Störung lesen konnten. Daß solche Störungen nur mit stillschweigender oder sogar wohlwollender Duldung der reaktionären Hochschulbehörden möglich waren, versteht sich von selbst. Die Anhänger der Friedensidee waren vogelfrei; wenn man sie schon leben ließ, waren sie doch nirgends gern gesehen. Der Herausgeber der „Friedens-Warte" und Gründer der Deutschen Friedensgesellschaft, der Friedensnobelpreisträger A. H. Fried, ließ in seiner Zeitschrift im Juni 1920 folgende Mitteilung erscheinen:

> „Der Herausgeber ... lebt seit mehr als vier Monaten auf der Suche nach einer ständigen Wohnstätte auf der Wanderschaft von Ort zu Ort ... Da er infolge dieser Umstände von seinen Büchern und seinem sonstigen Material getrennt ist, ist es ihm unmöglich, sich die nötigen Dokumente zu verschaffen, und mancher Aufsatz muß ungeschrieben bleiben ..."

Nationalistische Agitatoren, wie Adolf Hitler, ebenso wie Fried ein geborener Österreicher, oder Ludendorff fanden im republikanischen Deutschland leicht eine Heimstätte. Schon so bald wie im Herbst 1920 schrieb der Vorsitzende des „Deutschen pazifistischen Studentenbundes", Kurt Lenz:

> „Nur wenn die Säuberungsarbeit, die Arbeit des Aufräumens unter allem Alten, radikal von allen Selten vorgenommen wird, ist überhaupt noch eine pazifistische Durchdringung zu erhoffen. Ebensowenig wie man mit einer Fahrradpumpe eine Gasanstalt füllen kann, darf man je glauben, mit unserer heutigen, winzigen Arbeit, mit diesem wenigen Flickwerk, sei es schon getan ... Der dünne rote Anstrich platzte überall wieder vom grünen Tische ab ... Vielfach wuchert St. Militarismus schon stärker als 1914. Spannen wir jetzt ... alle Kräfte an ... und beginnen wir überall mit der Arbeit, den fast schon entflohenen Geist des Jahres 1918 wieder aufzurichten und zu durchdringen."

Während vor 1914 ein Teil der politischen Parteien dem Staat gegenüber eine kritische Haltung eingenommen hatte, so vor allem die Sozialdemokraten sowie zeitweise das Zentrum und der Freisinn, war es jetzt so, daß die Regierungsparteien der Monarchie, nunmehr die nationale Opposition in der Republik, auf dem Gebiete des

Heerwesens und des Einflusses des Militärapparates nicht über mangelnde Geldmittel dafür zu klagen hatte, während die frühere Opposition, nunmehr zur Regierung geworden, ihre Liebe zur deutschen Wehrhaftigkeit entdeckte und die Sozialdemokraten, selbst dann, wenn sie nicht in der Regierung waren, immerhin es für nötig hielten, die Verantwortung für den Wehrapparat der Republik mitzutragen, was sie ihrer positiven Einstellung zur Republik schuldig zu sein glaubten. So kam es, daß der Militarismus, trotz aller Einschränkungen durch den Friedensvertrag, in der Weimarer Republik politisch auf einer weit breiteren Grundlage stand als jemals zur Zeit der Hohenzollern. Man könnte vielleicht, hier hinzufügen, daß einer der Gründe für den Zusammenbruch der von eh und je schwächlichen deutschen Demokratie darin zu suchen ist, daß die Millionen damals noch aufrichtig pazifistischer deutscher Wähler, die aus wirtschaftlichen oder weltanschaulichen Gründen Zentrum, Demokratische Partei und SPD wählten, zumindest in ihren kriegsgegnerischen Erwartungen von allen diesen Parteien betrogen worden sind; nichts aber ist dem Parlamentarismus so gefährlich wie eine Enttäuschung breiter Wählermassen, weil dadurch nicht nur deren Vertrauen in die eine oder andere politische Partei, sondern in die ganze Einrichtung des Parlaments erschüttert wird. Es ist zweifellos, daß die Militärpolitik, die von dem sogenannten Weimarer Parteien, d. h. Zentrum, Demokraten und SPD, betrieben wurde, in den zwanziger Jahren nicht im Einklang mit den Wünschen vieler ihrer Wähler stand: Die Verhandlungen des Weimarer Parteitages der SPD 1919 geben darüber Aufschluß. Und es ist ebenso sicher, daß diese drei Parteien nunmehr, wiewohl angeblich das alte Heer aufgelöst war und es im Einklang mit dem Friedensvertrag den Großen Generalstab offiziell nicht mehr gab, bereit waren, in ihrer Militärpolitik wesentlich mehr Opfer zu bringen als zur Kaiserzeit. Diese „Militarisierung" der wichtigsten republikanischen Parteien erschwerte natürlich die Arbeit der Friedensvereine und blieb auch sonst nicht ohne Folgen auf die geistige Einstellung des deutschen Volkes. Mancher Keim solcher Gewächse, wie sie nach 1933 sichtbar wurden, ist in den Jahren 1919/1920 gepflanzt worden.

Kein Wunder, daß die Pazifisten auch zahlenmäßig in Deutschland sehr schwach blieben. Otto Lehmann-Rußbüldt, dem die vorliegende Schrift so viel verdankt, schrieb damals (1920):

„Betrachten wir z. B. die tatsächlichen Verhältnisse über einen Pazifismus der Massen in Deutschland, so ist das Ergebnis trostlos. Die Deutsche Friedensgesellschaft zählt jetzt rund 10.000 Mitglieder, während z. B. in Schweden die dortigen Friedensorganisationen 20.000 Mitglieder aufweisen ...“

Allerdings, der revolutionäre Geist des Jahres 1918 war fast gänzlich verraucht, und die Erlebnisse der Militärzeit des einzelnen nahmen in der Erinnerung einen immer idyllischeren Charakter an. Dreck und Tod traten mehr und mehr in den Hintergrund. Die Wahlen 1920 zeigten eine deutliche Stärkung der Rechten. Die Forderung, die damals der Mitarbeiter der Deutschen Friedensgesellschaft, Fritz Röttcher, auf Grund seiner Feststellung: „Die Wahlen beweisen, daß von einer aufrichtigen Abkehr von der militaristischen Gesinnung nicht ... die Rede sein kann“, erhob, nämlich,

„daß der pazifistische Rechtsgedanke, auf den sich Deutschland jetzt in der Außenpolitik zur Sicherung seiner Existenz der Entente gegenüber beruft, in der deutschen Innenpolitik Verwirklichung findet“,

mußte schon deswegen unerfüllt bleiben, weil die Reichsregierung vom Pazifismus und seinen Forderungen nur dann Gebrauch machte, wenn es ihr aus außenpolitischen Gründen so in den Kram paßte, aber nicht, weil sie von deren Richtigkeit überzeugt war.

Wenn man bedenkt, daß zu jener Zeit, um 1920, die Hoffnung des größten Teiles der gesitteten Welt auf die durch den Völkerbund möglich gewordene obligatorische Schiedsgerichtsbarkeit, die internationale Beschränkung der Rüstungen und andere Ziele des Pazifismus gerichtet war, dann muß man immer wieder über die zahlenmäßige und tatsächliche Schwäche des deutschen Pazifismus staunen. Allerdings, hier trifft die Schuld nicht so sehr den Propaganda-Apparat der deutschen Friedensbewegung, sondern die deutsche Reichsregierung, deren höchste Ziele Zugeständnisse in der Wehrmachtfrage waren. Auf der ersten internationalen Konferenz nach dem Krieg, bei der die Deutschen als gleichberechtigte Partner erscheinen durften, Spa 1920, war die wichtigste deutsche

Forderung, das Zugeständnis zu erhalten, die deutsche Wehrmacht auf 200.000 statt auf die in Versailles festgesetzten 100.000 Mann erhalten zu dürfen. So schwach war der Pazifismus in Deutschland geblieben. Allerdings kann man die Führer der Pazifisten von der Schuld daran nicht ganz freisprechen. Professor Schücking, einer, der führenden Köpfe des deutschen Pazifismus, war auf das Programm der Deutschen Demokratischen Partei in den Reichstag gewählt worden, während der Vorsitzende der Friedensgesellschaft, Professor Quidde, der für dieselbe Partei kandidierte, nicht gewählt worden war. Beide Friedensfreunde wurden in ihrer Parteitreue nicht im geringsten dadurch gestört, daß die Deutsche Demokratische Partei den „Ausbau unserer Wehrmacht" zu ihren Programmpunkten zählte, und daß außerdem diese Partei den Reichswehrminister stellte, Geßler, der einer der unbekümmertsten Handlanger der Obersten Heeresleitung war, wobei er viele Ungesetzlichkeiten deckte.

Im Jahre 1921 war die „Erfüllungsregierung" Wirths ans Ruder gekommen, an der die drei Parteien der Weimarer Koalition teilnahmen und die vom deutschen Volk einen klaren Auftrag für ehrliche Versöhnungspolitik hatte. Trotzdem hat diese Regierung, wie man jetzt erfährt, in der schändlichsten Weise die Aufrüstung gefördert: Dr. Joseph Wirth, der Vertreter des linken Zentrums, der alle die Jahre als aufrechter Republikaner gegolten hatte, hat trotz seiner zur Schau gestellten Maske der Ehrlichkeit die Firma Krupp vor dem Bankerott bewahrt. 1940, als die Möglichkeit eines deutschen Einmarsches in die Schweiz nicht ausgeschlossen schien, versuchte Wirth, der dort war, sich den Nazis gegenüber als Förderer der deutschen Aufrüstung ein Alibi zu verschaffen und schrieb an Krupp einen Brief, in dem es heißt:

„Ich schreibe diese Zeilen auch deshalb nieder, um sie zu meinen Akten zu legen, in denen schon der bekannte Brief Dr. Wiedtfelds aus dem Jahre 1921 ruht, der ausführt, daß Ihre hochgeschätzte Firma durch meine Initiative als Reichskanzler und Reichsminister der Finanzen durch Hergabe erheblicher Mittel des Reiches bezüglich der Erhaltung der Waffentechnik im Dienst des Reiches auf 10 Jahre gesichert ist …"

Wenn die Hoffnung der Republik auf solchen Männern ruhte, kann man sich über ihr ruhmloses Ende nicht mehr wundern. Die Charakterlosigkeit der politischen Parteien machte so die Arbeit der Friedensfreunde um so wichtiger.

1921 erfolgte die Gründung des Friedenskartells, wobei sich eine Reihe mehr oder weniger pazifistischer Gesellschaften unter dem Vorsitz Professor Quiddes zusammenschlossen. Diese waren: die Deutsche Friedensgesellschaft, der Bund Neues Vaterland (der nicht viel später den Namen Liga für Menschenrechte annahm), die Deutsche Liga für Völkerbund (eine Gründung Erzbergers, eine mehr oder weniger unter dem Einfluß des Außenamtes stehende Organisation, die sich vielfach an Kartellaktionen nicht beteiligte), der Bund der Kriegsdienstgegner, der Bund entschiedener Schulreformer, der Bund für radikale Ethik, der Bund religiöser Sozialisten, der Friedensbund deutscher Katholiken, die Internationale Frauenliga für Frieden und Freiheit, der Verband für internationale Verständigung, die Welt-Jugend-Liga, der Deutsche Monistenbund, der Deutsche pazifistische Studentenbund. Mit Ausnahme des Friedensbundes der Kriegsteilnehmer, der Friedensgesellschaft und der Deutschen Liga für Völkerbund waren alle diese Organisationen zahlenmäßig recht schwach. Es ist schwer, eine genaue Statistik der Mitgliederzahlen aufzustellen, schon wegen der vielen Doppelmitgliedschaften. Aber man wird nicht fehlgehen, wenn man den Gesamtmitgliederstand mit höchstens 100.000 annimmt.

Es wäre jedoch absolut falsch, über die Anstrengungen, die diese Vereine machten, deswegen etwa mit einem Lächeln hinwegzugehen, weil sie letzten Endes so bitter erfolglos blieben. Es steckt eine Unsumme ehrlicher, überzeugter, hingebungsvoller Arbeit Tausender kleiner Vertrauensmänner und Funktionäre in jenen Verbänden. Es ist nicht deren Schuld, daß sie erfolglos blieben, sondern die Schuld derer, die, vom Vertrauen Hunderttausender kriegsmüder Veteranen in verantwortliche Stellungen gebracht, ihren Wählern nicht die Treue hielten und versuchten, in der Republik ein neues Deutschland aufzubauen, sondern, im Gegenteil vom Gefühl einer lächerlichen Verantwortung einer hohlen, längst überholten Vergangenheit gegenüber beseelt, versuchten, den deutschen Militarismus wieder zu beleben.

In jener Zeit starb, der hingebungsvollste Kämpfer des Pazifismus im deutschsprachigen Gebiet, Alfred Hermann Fried. Es ist wie ein Symbol des deutschen Pazifismus, daß zu einer Zeit, wo die Friedensbewegung hätte sieghaft weiterschreiten sollen, Fried als heimatloser armer Teufel in einem Wiener Spital sein Leben endete, während die Offiziere des Kapp-Putsches in Ruhe und Beschaulichkeit, soweit sie es nicht vorzogen, neue Staatsstreiche vorzubereiten, ihre Pensionen verzehrten.

VIIII.
RUHRKAMPF UND MILITÄRDIKTATUR

Das Jahr 1923 brachte für die deutsche Friedensbewegung, die ohnehin durch den Tod ihres großen Führers A. H. Fried einen unersetzlichen Verlust erlitten hätte, eine neue Belastungsprobe: die Ruhrbesetzung, die Inflation und alle deren Folgen, Zerrüttung der Wirtschaft, Radikalisierung der Massen, Not, Chaos und Hunger.

Zwei wichtige Ereignisse vor allem bestimmten den Ablauf der Vorgänge jener Zeit: der Marsch auf Rom der italienischen Faschisten und die Machtergreifung Mussolinis im Oktober 1922, die der faschistischen Bewegung auch in Deutschland einen neuen Auftrieb gab, und der Sturz der Regierung Wirth in Deutschland, jener Regierung, die als erste versucht hatte, die Bestimmungen des Friedensvertrages einigermaßen zu erfüllen, und der im November 1922 die Dilettantenregierung Cuno folgte. Obwohl im Juni 1922 die deutsche Liga für Menschenrechte eine Bewegung für die deutsch-französische Verständigung begonnen hatte, die in einem Besuch von Vertretern der französischen Liga in Berlin gipfelte – es sprachen u. a. bei einer Kundgebung im Reichstagsgebäude der ehemalige französische Unterrichtsminister Buisson, Prof. Einstein und Reichstagspräsident Paul Löbe – dieser Versuch, so wohlgemeint er war, konnte den Gang der Ereignisse nicht aufhalten. Die Zurückziehung der Amerikaner von europäischen Angelegenheiten 1919 lenkte die Aufmerksamkeit der Franzosen, die um ihre Sicherheit besorgt waren, noch mehr auf die Verhältnisse in Deutschland. Dort waren die Bedingungen eigentlich seit Gründung der Republik freilich nicht sehr vertraueneinflößend, trotz aller gelegentlichen Beteuerungen der deutschen Friedensliebe. So ist es verständlich, daß die Franzosen in der deutschen Politik eine deutliche Linie zu erkennen glaubten, besonders nach der Ermordung Rathenaus, nämlich, daß Deutschland sich seinen Verpflichtungen aus dem Versailler Vertrag entziehen wolle. Vielleicht hätte eine geschicktere Regierung in Deutschland die Ruhrbesetzung verhindern können. Die Regierung Cuno war dessen nicht fähig.

Am 11. Januar 1923 erfolgte der Einmarsch belgischer und französischer Truppen ins Ruhrgebiet. Ein Sturm der Entrüstung fegte durch ganz Deutschland. Man sang wieder einmal die „Wacht am Rhein", und „die nationale Einheitsfront vom August 1914 schien wieder hergestellt" (Stampfer).

Unter diesen Umständen war die pazifistische Werbearbeit im Reich, wiewohl dringender denn je, ganz erheblich erschwert, eine Arbeit, die angesichts der Verhältnisse nie leicht war und es nicht einmal heute ist.

Dazu kam noch die Inflation, jener wahnwitzige Raubzug der meist gut nationalen Spekulanten auf die Taschen der Bevölkerung, der möglich geworden war dank einer absolut verfehlten Finanzpolitik der Regierung. Die Inflation hat nicht nur als solche das Vertrauen weitester Bevölkerungskreise, die um ihren letzten Notpfennig gebracht worden waren, in die Demokratie, die sie nicht beschützen konnte oder wollte, erschüttert, sondern die deutsche Bevölkerung auch ganz besonders empfindlich gegen Krisen gemacht, was sich 1930 und nachher zeigte. Die Inflation wurde bewußt und in voller Absicht den sogenannten „Novemberverbrechern", d. h. den republikanischen Parteien, in die Schuhe geschoben. Diese waren nicht geschickt genug, darauf hinzuweisen, wie sehr der unausgeglichene Staatshaushalt, der Ruhrwiderstand und der verlorene Krieg, der noch dazu auf Pump geführt worden war, die Inflation herbeigeführt hatten.

Der Sieg von Mussolinis Horden in Italien hatte überdies den nationalistischen Gruppen in Deutschland, die ähnliche Ziele verfolgten, erneute Stoßkraft gegeben. Unter diesen Umständen – Ruhrbesetzung, Inflation, nationalistischer Auftrieb – war die Werbekraft des Pazifismus auf dem Nullpunkt angelangt.

Rudolf Goldscheid schrieb damals in der „Friedens-Warte":

„Wieder einmal will man jetzt in Deutschland nichts vom Pazifismus hören. In völliger Verkennung seiner realpolitischen Bedeutung' versuchen vielfach sogar auch Blätter der Linken selbst das Wort Pazifismus ängstlich zu vermeiden … Wenn man sich heute in Deutschland so sehr in die Meinung verrennt: vom Pazifismus sei jetzt gar nichts zu erwarten … dann sage man doch, worauf man sonst seine Hoffnung baut, wenn … nicht doch auf den Pazifismus? …"

Es gab niemand in Deutschland, der während dieser nationalen Hochflut genügend Courage oder Grütze gehabt hätte, darauf Hinzuweisen, daß die „französischen Erbfeinde", schwarz oder weiß, die den „deutschen Rhein" besetzt hielten, bei aller zweifellos vorhandenen Brutalität (die vielfach erst durch den sogenannten passiven Widerstand herausgefordert worden war) noch nicht den zehnten Teil jener mordgierigen Willkür zeigten, die Noskes Freischaren dem eigenen Volk gegenüber wiederholt gezeigt hatten und die die nationalen Horden gegebenenfalls wieder zu zeigen bereit waren.

Während in Deutschland Ruhrbesetzung und Inflation die Reaktion stärkten – Deutschnationale und Nationalsozialisten hatten bei den Neuwahlen zum Reichstag im Mai 1924, als schon das Ärgste vorüber und die Mark stabilisiert war, noch über 27 v. H. der Stimmen bekommen –, war im Ausland eine deutliche Abkehr vom Nationalismus eingetreten (Regierung MacDonald in England und Herriot in Frankreich). Es war zweifellos richtig, was Goldscheid schon im Aprilheft 1923 der „Friedens-Warte" schrieb:

„… Und in wie wüster Weise wird in Deutschland auch noch immer mit dem Säbel gerasselt, den man nicht mehr hat, und mit derselben Ideologie und Lügenregie gearbeitet, die in der augenblicklichen Situation geradezu als vollendeter Wahnwitz bezeichnet werden muß. Was sollen die Theaterparaden der ausgedienten Generäle … und wie muß Deutschland vor der öffentlichen Meinung des Auslandes wirken, wenn diesem ebenso lächerlichen wie schädlichen und gefährlichen Unfug nicht mit der größten Energie entgegengetreten wird, weder von der Regierung noch auch vom Reichstag …"

Allerdings, diese Macht der ausgedienten Generäle und auch der noch dienenden wurde vom Reichspräsidenten noch dadurch erhöht, daß im Herbst 1923 der Ausnahmezustand im Reich verhängt wurde, wodurch der Reichswehr volle Exekutivgewalt im ganzen Reichsgebiet übertragen wurde. Alle in der Verfassung festgelegten Freiheitsrechte wurden mit einem Federstrich aufgehoben, wozu die Parteien ihre Zustimmung gegeben hatten. Diese Ermächtigung wurde General Seeckt, dem Oberstkommandierenden der Reichswehr, zu einer Zeit gegeben, als die Reichswehr, die bisher schon die illegalen Formationen, wie Organisation Consul, Bund Oberland, Orgesch und andere Mörderbanden, unterstützt hatte, nunmehr ihre ganz eigene Geheimorganisation, die Schwarze Reichswehr, aufgebaut hatte. Die Verbindungen zwischen legaler und illegaler Reichswehr, Grenzschutz-Organisationen (meist in Oberschlesien) und anderen militärischen Geheimorganisationen ist vielleicht das unsauberste Kapitel der Geschichte der Weimarer Republik. Die Verquickung von Hintertreppenromantik mit Karl-May-Phantasien und mißverstandenem Heroismus, die Verbindung von Homosexualität, Mordgier und Geheimbündelei, alles überschattet von einem hemmungslosen Nationalismus und Haß gegen alles, das sich nicht in die engstirnige Weltanschauung fügte, machte die Werbearbeit der Friedensfreunde in Deutschland zu einer gefährlichen Aufgabe. Aber gerade damals fand der Pazifismus eine neue, überaus wichtige Aufgabe: den Kampf gegen die illegale Aufrüstung Deutschlands, die zu jener Zeit systematisch und mit aller deutschen Gründlichkeit begonnen wurde.

Von allen Bestimmungen des Friedensvertrages hatte wohl keine einzige so sehr das Mißfallen der Deutschen, von der äußersten Rechten bis weit in die Linke hinein, erregt wie die, welche das deutsche Heer auf 100.000 Mann begrenzte. Keine einzige Bestimmung ist auch in der gleichen Weise von den deutschen Behörden verletzt worden wie gerade diese. Nach der Stabilisierung der Mark und dem Aufhören des passiven Widerstandes im Ruhrgebiet, als die Zeit der ernsten Erfüllungspolitik unter Stresemann einsetzte, sah man in Deutschland ein, daß die Zeit der Geheimbündelei, durch die man so lange die illegalen Zusatztruppen der Reichswehr aufrechterhalten hatte, vorüber war, und man war gezwungen, die Sache nun auf anderem Wege fortzusetzen. Das blieb natürlich nicht unbekannt. Am 3. Januar 1924 hatte die Deutsche Friedensgesellschaft eine Eingabe an den Reichskanzler gerichtet, die nicht veröffentlicht werden konnte, da man mit Recht die Zensur und Strafverfolgung wegen Landesverrats fürchtete. In den Jahren größerer Ruhe in Deutschland, zur Zeit der Politik Stresemanns, konnte man nicht mehr so leicht mit dem Mittel des politischen Mordes gegen Leute vorgehen, die dadurch den offiziellen Stellen unliebsam auffielen, daß sie auf den Widerspruch zwischen den Beteuerungen deutscher Friedensliebe und den Tatsachen der geheimen und nicht so geheimen Wiederaufrüstung immer wieder hinwiesen. In jenen Jahren setzte die Verfolgung der Pazifisten durch Landesverrats-Anklagen ein; es gab Richter genug in Deutschland, die immer nur zu gern bereit waren, in geheimer Verhandlung mit vielen Jahren Zuchthaus um sich zu werfen, wenn das Reichswehrministerium darum ersuchte. Die Schande der deutschen Justiz begann nicht erst 1933, sondern schon Jahre vorher, als Justitia sachte die Binde von den Augen schob, wenn der Sachverständige vom Reichswehrministerium darum ersuchte.

Zuerst, solange die Reichswehr die Exekutivgewalt innehatte, wurde nur zensuriert und verboten. In den letzten Monaten des Jahres 1923, als der gute Europäer Stresemann Reichskanzler war, wurden nicht nur Dutzende pazifistischer Werbeversammlungen verboten, sondern auch die Zeitungen der Friedensbewegung eingestellt. Die von dem eifrigen Vorkämpfer der, Friedensidee, Friedrich Küster, herausgegebene Zeitschrift der westdeutschen Landesgruppe der Friedensgesellschaft, „Der Pazifist", wurde ebenso verboten wie Helmut von Gerlachs Berliner Zeitung „Welt am Montag" und Foersters Zeitschrift „Die Menschheit".

So ist es nicht weiter erstaunlich, daß die Eingabe der Deutschen Friedensgesellschaft an den Reichskanzler vom 3. Januar 1924, die verschiedene Anfragen bezüglich der „Schwarzen Reichswehr" und eine ausführliche Begründung enthielt – diese wenigen Worte sind alles, was man sich damals über den Inhalt zu veröffentlichen getraute –, auch später nie veröffentlicht wurde. Abschriften dieser Eingabe wurden an den Reichswehrminister Geßler und an den Chef der Heeresleitung, General von Seeckt, gesandt. Reichskanzler war damals ein katholischer Jurist namens Marx, der spätere Sammelkandidat der republikanischen Parteien für den Posten des Reichspräsidenten. Auf Anschuldigungen der schwersten Art, nämlich, daß die Reichsregierung eine Geheimorganisation, die Schwarze Reichswehr, aufgebaut habe, antwortete die Reichskanzlei in sehr herablassendem Ton:

„Im Auftrag des Herrn Reichskanzlers bestätige ich ergebenst den Empfang des dortigen Schreibens vom 3. Januar 1924. Der Herr Reichskanzler muß sich grundsätzlich versagen, einer Beantwortung der vom deutschen Friedenskartell aufgeworfenen

Fragen näherzutreten. Im Besitze des zur Führung der Geschäfte nach der Reichsverfassung erforderlichen Vertrauens vertritt die Reichsregierung auch in diesen Fragen die Belange der Volksgemeinschaft und ist nur dem Reichstage, nicht irgendwelchen Verbänden zur Auskunft verpflichtet. Überdies erachtet die Reichsregierung eine Erörterung der von Ihnen aufgeworfenen Fragen in der Öffentlichkeit nicht für erträglich. Sie würde sich daher gezwungen sehen, gegen die Urheber einer solchen Diskussion, die nach den bisherigen Erfahrungen lediglich unbegründetes Mißtrauen in weiten Kreisen des Auslandes wachrufen würde, mit allen erforderlichen gesetzlichen Mitteln einzuschreiten. (Gez.) Bracht."

War diese Antwort schon eine Frechheit, wenn man bedenkt, daß es nach der Reichsverfassung das gute Recht jedes Bürgers war; Eingaben an Behörden zu machen, so war doch die von General Seeckt empfangene Antwort ein Gipfelpunkt der Unverfrorenheit:

„Auf das Schreiben vom 3. Januar 1924 sachlich einzugehen, muß ich mir versagen. Die Gedankengänge des internationalen Pazifismus sind für ein international derart mißhandeltes Volk wie das deutsche schon an sich schwer begreiflich. Wenn es aber Deutsche gibt, die sich nach den Erfahrungen des Ruhreinfalls und in einer Zeit, in der Frankreich den Vertrag von Versailles täglich mit Füßen tritt, für die Durchführung dieses Vertrages im Interesse der Franzosen einsetzen, so kann ich das nur als Gipfel nationaler Würdelosigkeit bezeichnen. Im übrigen möchte ich Sie darauf aufmerksam machen, daß ich bei einer Erörterung der in Ihrem Schreiben berührten Fragen in der Öffentlichkeit sofort mit den Mitteln des Ausnahmezustandes gegen Sie einschreiten werde, ganz unabhängig von einem etwaigen Verfahren wegen Landesverrats. (Gez.) v. Seeckt."

In einem zivilisierten. Lande, das parlamentarisch regiert wird, würde zweifellos ein derartig überheblicher Brief eines aktiven Generals in dienstlicher Eigenschaft zu dessen sofortiger Versetzung in den Ruhestand geführt haben. Daß es in Deutschland nicht so war, daß man eine solche Antwort selbst in der Zeit der deutschen

Republik als etwas beinahe Selbstverständliches hinnahm, ist einer
der Beweise für die ungehinderte Existenz des arrogantesten Militarismus in der Republik und darüber hinaus ein Beweis dafür, daß
sich die Parteien, auch die republikanischen, damit abgefunden hatten. Die beiden Briefe wurden natürlich beantwortet, und zwar in
einer recht zahmen Weise:

An die Reichskanzlei:

„… Es ist mir selbstverständlich durchaus gegenwärtig, daß
staatsrechtlich der Herr Reichskanzler nur dem Reichstage, nicht
irgendwelchen Verbänden zur Auskunft verpflichtet ist. Das
hindert aber nicht, daß Reichskanzler und Minister sich vielfach
politisch verpflichtet oder veranlaßt gesehen haben, Verbänden
und Personen, die sich in wichtigen Angelegenheiten an sie
wandten, Auskunft zu erteilen … Die Anerkennung dieser Verpflichtung scheint allerdings in manchen Regierungskreisen unserer demokratischen Republik nicht stark entwickelt zu sein.
Davon abgesehen, hatte ich mich aber auch der Hoffnung hingegeben, es könne dem Herrn Reichskanzler willkommen sein, einen Anlaß, wie den unserer Eingabe, dazu zu benützen, um sich
über diese Dinge auszusprechen. Aus der uns erteilten Antwort
… ersehe ich nun … daß die in unserer Eingabe vorgebrachten
Tatsachen und Behauptungen … auf Wahrheit beruhen müssen.
Wenn die Regierung mit allen Mitteln … die öffentliche Erörterung der berührten Fragen verhindern will, so ergibt sich daraus
klar, daß … wir mit unseren Besorgnissen nur zu sehr recht hätten … Ich kann … nur sagen, daß ich durch die Gefahren, die
danach der Republik von innen und außen drohen, tief erschüttert bin … (Gez.) L. Quidde.“

An General v. Seeckt:

„… Auf einen Brief, wie jenen, den Sie sich erlaubt haben … an
das deutsche Friedenskartell zu richten …, gibt es für uns natürlich nur eine Antwort: die der Beleidigungsklage. Wenn Deutsche, die sich, beunruhigt durch das verbrecherische Treiben derer, die den Bürgerkrieg oder den Revanchekrieg vorbereiten

wollen, mit ihrer Sorge um den inneren und äußeren Frieden …
an den Reichskanzler wenden, sich sagen lassen müssen … ihr
Verhalten sei ‚der Gipfel nationaler Würdelosigkeit‘, so verbietet
nicht nur die persönliche Würde, sachlich darauf zu antworten,
sondern diese Behandlung zeigt auch einen solchen Gipfel man-
gelnden Verständnisses, daß eine sachliche Antwort keinen
Zweck hätte … (Gez.) L. Quidde.“

Leider war alles vergeblich. Es gelang den Pazifisten weder. 1924
noch später, die geheime Aufrüstung Deutschlands aufzuhalten.
Wie sehr die Heeresleitung darauf ausging, alle möglichen Enthüllungen zu verhindern und öffentliche Erörterungen unmöglich zu
machen, geht nicht nur aus dem unverschämten Brief General v. Se-
eckts hervor, sondern auch aus der Landesverrats-Anklage gegen
Professor Quidde: Der Präsident des deutschen Friedenskartells
hatte am 10. März 1924 in der Wochenschrift „Welt am Montag“ einen Artikel unter dem Titel *„Die Gefahr der Stunde“* veröffentlicht.
Darin wurde die Tatsache zur Sprache gebracht, daß viele Gerüchte
im Lande umgingen über gesetz- und vertragswidrige militärische
Ausbildung junger Leute. Und …

„… Daß wir einen Krieg führen sollen, ist zwar vollkommener
Blödsinn, aber Tausende und aber Tausende von Deutschen
schreien ja diese Absicht tagtäglich in die Welt hinaus, und wir
können nicht erwarten, daß die französische Regierung diese
Narrheit nicht für sich verwertet … Was etwa geschehen und gesündigt sein mag, läßt sich nicht ungeschehen machen. Aber die
Regierung muß imstande sein, nachzuweisen, daß sie ihre Pflicht
getan hat. Sie muß endlich die Kraft und die Mittel finden, um
allem lichtscheuen Treiben ein Ende zu machen. Sie muß mit ei-
sernem Besen Kehraus machen … Bisher scheint freilich wenig
Aussicht vorhanden, daß die Regierung den Ernst der Lage be-
griffe … Vielleicht haben … die zivilen Mitglieder der Reichsregierung doch etwas mehr politisches Verständnis … Hat die Regierung nicht Verständnis genug, so muß der Reichstag schleu-
nigst eingreifen … In einer so verzweifelten Lage wäre es auch
Sache des Reichspräsidenten, nach dem Rechten zu sehen …
Noch ist es Zeit … Binnen kurzem wird es zu spät sein.“

Am 16. März wurde Quidde in München verhaftet und Anklage erhoben auf Grund einer bayrischen Notverordnung – offenbar waren die Reichsnotverordnungen für die besonders reaktionäre Spielart des blauweißen Nationalismus nicht rückschrittlich genug – wegen Vorschubleistung gegenüber einer fremden Macht. Auf dieses Delikt stand eine Mindeststrafe von zehn Jahren Zuchthaus. Zum Zeichen dafür, daß es sich nicht etwa um einen zufälligen Übergriff eines übereifrigen bayrischen Orgeschbeamten handelte, wurde gleichzeitig in Berlin gegen Helmut v. Gerlach, den Herausgeber der „Welt am Montag", eine Untersuchung wegen Landesverrats eingeleitet, da er den Artikel Quiddes veröffentlicht hatte.

Zu jener Zeit war schon eine Regierung im Amt (Marx), deren Außenminister der gute Europäer und spätere Nobelpreisträger Stresemann war. Trotzdem, und wiewohl Inflation und Ruhrkampf überwunden waren, die Arbeit der Friedensfreunde in Deutschland wurde noch immer in der unerhörtesten Weise – wie das Beispiel zeigt – erschwert. Freilich, die „Erfüllungsregierung" Marx hatte als Justizminister einen Dr. Emminger, der in einer Notverordnung am 4. Januar 1924 die Schwurgerichte in ganz Deutschland abgeschafft hatte. Bei der durchaus reaktionären Einstellung des überwiegenden Teiles der deutschen Richter konnte die Reichsregierung sich auf den Erfolg ihrer Anklagebehörden verlassen. Die Richter machten aus ihrer antirepublikanischen Einstellung kein Hehl. Die unter der Leitung der Deutschen Liga für Menschenrechte stehende „Republikanische Beschwerdestelle" hatte sehr oft Gelegenheit, Beschwerde zu führen gegen richterliche Beamte, die auch im Amt das Stahlhelm-Abzeichen nicht ablegten.

Alles das ist hier nur angeführt, damit die unermüdliche Arbeit, die die Friedensvereine in Deutschland in jenen Jahren leisteten, richtig eingeschätzt werden kann. Es war gerade damals, daß diese Arbeit ihren größten Erfolg zeigte, der so oft übersehen wird. 1924 brachte einen Wechsel der Regierung in Frankreich (Herriot) und England (MacDonald) und damit einen Umschwung in der europäischen Politik, der zum Abkommen von Locarno und zur Aufnahme Deutschlands in den Völkerbund führte. Ohne die zielbewußte, unbeirrbare Arbeit der deutschen Friedensbewegung hätte Deutschland diese Gelegenheit zweifellos verpaßt, und Europa hätte nicht einmal jene kurze Zeit verhältnismäßiger Ruhe zwischen den beiden

Kriegen genießen können, deren es sich erfreute. Diese zur geistigen Umstellung des Landes so wichtige Arbeit mußte *gegen* den Willen der Staatsgewalt geleistet werden, die dann später jedoch deren Erfolg gerne für ihre eigenen Zwecke ausnützte. Man kann den deutschen Pazifisten keinen Vorwurf daraus machen, daß die verschiedenen Reichsregierungen die durch Deutschlands Eintritt in den Völkerbund ermöglichte Aufhebung der Kontrollen zu einer Aufrüstung ohne Beispiel in der Geschichte führten, ohne die es Hitler niemals möglich gewesen wäre, nach verhältnismäßig so kurzer Amtszeit schon Krieg zu führen. Ebensowenig wird ihr Verdienst dadurch geschmälert, daß die führenden deutschen Wirtschaftskreise 1924 einsahen, daß Versöhnungspolitik für sie einträglicher sein werde als Revanchepolitik, und so den Anschluß Deutschlands an Europa unterstützten. Zweifellos, die geistige Vorbereitung des deutschen Volkes für Locarno und Völkerbund, Ereignisse, die, soweit man es beurteilen kann, vom größeren Teil des deutschen Volkes mit aufrichtiger Genugtuung begrüßt wurden, ist jenen zu danken, die man vor und noch mehr nach dem Krieg in Deutschland als Abschaum der Menschheit, als vogelfrei betrachtet hatte.

IX.
ERFÜLLUNGSPOLITIK?

Die Zeit, die der Markstabilisierung und dem Ende des Ruhrkampfes folgte, also von ungefähr 1924 bis zum Ausbruch der Krise 1929, die beste und ruhigste Zeit der Weimarer Republik, brachte jedoch für die deutsche Friedensbewegung keine Arbeitspause. Die Frage des Eintrittes Deutschlands in einen Völkerbund war seit 1918 und eigentlich auch schon früher einer der Hauptprogrammpunkte des deutschen Pazifismus gewesen, ebenso wie die Versöhnung und die Anbahnung besserer Beziehungen mit Frankreich. Auf diesem Gebiet war es besonders die Deutsche Liga für Menschenrechte gewesen, die schon 1920 die ersten Schritte hierzu unternommen hatte, als solche noch hüben und drüben auf erbitterten Widerstand stießen. Die Außenpolitik der Reichsregierung nach 1923, der sogenannten Stresemann-Ära, hatte also nur dem Wege zu folgen, den die Friedensbewegung von jeher als den richtigen bezeichnet hatte, um eine bessere außenpolitische Stellung des Reiches zu erzielen. Es war gerade diesem Umstand, daß die Reichsregierung in ihrer Außenpolitik den Ratschlägen der Pazifisten zum großen Teil folgte, zu danken, daß die ganze Welt die Friedensliebe Deutschlands zu glauben begann und daß die leidige Reparationsfrage endlich in ein neues Geleise kam. Denn wenn Reichsregierung und Reichstag, den Vorschlägen der Friedensfreunde folgend, die Aufnahme Deutschlands in den Völkerbund und die Verständigung mit Frankreich zu den Angelpunkten der deutschen Außenpolitik machten, dann schien doch das der beste Beweis der deutschen Friedensliebe. Je mehr nun die Welt daran glaubte, um so leichter war es der Reichsregierung, die geheime Aufrüstung, die schon vorher begonnen hatte, nunmehr mit ausländischen Krediten um so intensiver fortzusetzen. Es war eine unglückliche Fügung, daß die Warnungen des deutschen Friedenskartells auf dieser Gebiet, der Aufrüstung, wesentlich vorsichtiger sein mußten als auf außenpolitischem Gebiet, sollten nicht alle deutschen Pazifisten wegen Landesverrats im Gefängnis landen, so daß die deutsche Aufrüstung nicht genügend Aufmerksamkeit im vertrauensseligen Ausland fand und auch im Inland nicht genügend beachtet wurde.

Der Eintritt Deutschlands in den Völkerbund war eine alte Forderung der Pazifisten gewesen. Fried hatte wohl, kurz nach der Bekanntgabe der Friedensbedingungen von Versailles, in seinem Brief an die Deutsche Friedensgesellschaft heftig gegen den Völkerbund Stellung genommen:

„Der Pariser Entwurf für einen Völkerbund ist eine Karikatur auf das, was wir Pazifisten seit jeher erstrebten. Mit dem Gewaltfrieden von Versailles und St. Germain im Hintergrund … wird dieses Völkerbundprojekt direkt zu einer Farce. Das Völkerbundabkommen von Paris stellt sich dar als die Ausnützung einer fortschrittlichen Idee zur Erreichung reaktionärer Ziele. Wir können dem Völkerbundgedanken am besten dienen, indem wir alles tun, um die deutsche Regierung dahin zu bringen, den Eintritt in diese neue heilige Allianz abzulehnen, auch wenn er uns gewährt werden sollte."

Aber das war eine Ausnahme gewesen. Davon abgesehen, hatte die Friedensbewegung von Anfang an den Eintritt Deutschlands in den Völkerbund als ihr Ziel betrachtet und auch zur Zeit des Ruhrkampfes daran festgehalten. Auch die erste republikanische Reichsregierung, Scheidemann, hatte schon im Juni 1918 ihre Bereitwilligkeit ausgesprochen, dem Völkerbund beizutreten, was freilich damals im Ausland wenig Gegenliebe fand. Seither war in Deutschland viel nationalistisches Wasser in den republikanischen Wein geflossen, aber nun hatte es sich doch gezeigt, daß die Versöhnlichkeit die bessere Politik war. Ende September 1924 richtete die Reichsregierung ein Memorandum an die zehn im Völkerbundsrat vertretenen Regierungen. Über dessen Inhalt berichtet Stampfer, der ehemalige Schriftleiter des „Vorwärts", den wir schon öfter zitiert haben, in seinem Buche „Die vierzehn Jahre der ersten deutschen Republik":

„Die deutsche Regierung erinnerte daran, daß schon die Friedensdelegation im Juni 1919 einen Antrag auf Eintritt in den Völkerbund gestellt habe, der damals abgelehnt worden sei. Jetzt … habe man sich entschlossen, den alsbaldigen Eintritt Deutschlands zu erstreben, doch könne man nicht ohne weiteres an den Völkerbund einen Antrag richten, sondern müsse zunächst einige Fragen klären. Die erste dieser Fragen betraf den ständigen Ratssitz. Die, zweite enthielt einen Vorbehalt gegen eine Verpflichtung aus Artikel 16 der Völkerbundssatzung, da das entwaffnete Deutschland an Bundesexekutionen nicht teilnehmen könne! Im dritten Punkt war gesagt, daß früher abgegebene Regierungserklärungen unberührt blieben. Der Eintritt in den Völkerbund dürfe nicht so verstanden werden, als ob die deutsche Regierung damit diejenigen zur Begründung ihrer Verpflichtungen aufgestellten Behauptungen anerkenne, die eine moralische Belastung des deutschen Volkes in sich schließen. Dieses … Kauderwelsch war der letzte Rest der … großen Aktion gegen die Kriegsschuldlüge … Im vierten Punkt war die Erwartung ausgesprochen, daß Deutschland zu gegebener Zeit aktiv an den Kolonialmandaten des Völkerbundes beteiligt würde."

Man sieht aus den Bedingungen, daß es der Reichsregierung unmöglich sehr ernst mit der Aufnahme in den Völkerbund gewesen sein kann, was angesichts dessen, daß man im Ausland allgemein auf den Eintritt Deutschlands wartete, nicht sehr klug war. In der fünften Völkerbundsversammlung (1924) hatten sowohl MacDonald für Großbritannien als auch Herriot für Frankreich über den bevorstehenden Eintritt Deutschlands in den Völkerbund gesprochen. Am 6. September 1924 hatte Herriot in Genf eine Abordnung der Deutschen Liga für Menschenrechte empfangen. Er

„gestattete die Veröffentlichung des Inhaltes dieser Unterredung, bei der er seine in der Völkerbundsversammlung gehaltenen Reden auf ausdrückliches Befragen dahin ergänzte, daß Deutschland mit einem ständigen Sitz im Völkerbundsrat rechnen könne … Herriot wandte sich dabei ausdrücklich an die deutsche Demokratie, ihn in Deutschland bei seinen Verständigungsarbeiten zu unterstützen." (Aus dem Jahresbericht der Deutschen Liga für Menschenrechte.)

Die deutsche Demokratie war aber nicht in der Lage, irgendwelche Verständigungsarbeiten weitgehend zu unterstützen stützen, denn die Reichsregierung hatte mit der Aufnahme in den Völkerbund nur ein Manöver im Auge, wie aus dem zitierten Memorandum an die

Regierungen der Ratsmächte hervorgeht. Die deutsche Regierung mußte sich ein Alibi schaffen, um die in Frankreich und England vorhandene günstige Stimmung ausnützen zu können. Um diesem versöhnlicheren Geiste im Westen Rechnung zu tragen und auch, um die in den Vereinigten Staaten zur Zeichnung aufliegende Dawes-Anleihe von 800 Millionen Goldmark nicht zu gefährden, mußte unter allen möglichen Verklausulierungen doch in den sauren Völkerbundsapfel gebissen werden. Die endgültige Aufnahme Deutschlands erfolgte jedoch erst, zwei Jahre später, am 10. September 1926.

Um diese Zeit setzt die deutsche Aufrüstung wesentlich verstärkt ein. Stresemann erklärte wohl, Deutschland sei „entwaffnet bis zur Nacktheit", aber das glaubte weder er noch sonst irgendein politisch Eingeweihter in Deutschland. Trotz frommem Augenaufschlag („Mama, was ist das, ein Leutnant?") wurden im Jahre 1924 464 Millionen Mark für 100.000 Reichswehrsoldaten ausgegeben, zu einer Zeit, wo der Staat 397.000 Beamte abbauen mußte, um den Etat ausgleichen zu können. Der Kampf gegen diese Aufrüstung, die natürlich in späteren Jahren noch verstärkt wurde, war keine Leichtigkeit, denn die deutschen Richter und Staatsanwälte wußten, was sie ihrem Militarismus schuldeten, auch wenn er nur durch ein republikanisches Reichswehrministerium vertreten war.

Andererseits, die Argumente der Pazifisten über die Außenpolitik waren doch nicht ganz zu verachten, auch für die Reichsregierung nicht, denn

„das wichtigste Ziel: unserer auswärtigen Politik ist, das deutsche Land von fremder Besetzung zu befreien. Wir müssen deren Hand von unserem Hals wegbekommen. Aus diesem Grund muß unsere Außenpolitik zuerst mit großer Kunstfertigkeit arbeiten und wichtige Entscheidungen vermelden, wie Metternich von der österreichischen Außenpolitik 1809 sagte." (Stresemann, Brief an Wilhelm Hohenzollern, ehem. Kronprinz, 7. September 1925, aus dem Englischen rückübersetzt.)

Diese von Stresemann angedeutete Außenpolitik setzte eine wenigstens zeitweilige Verständigung mit Frankreich voraus. Es war ein großer Vorteil für die offizielle deutsche Politik, daß die Pazifisten immer ihre versöhnliche Tätigkeit fortgesetzt und auch zur Zeit des Ruhrkriegs die freundschaftlichen Beziehungen mit Frankreich nicht abgebrochen hatten. Sie waren wohl dafür von allen Seiten beschimpft worden und waren Freiwild für die völkischen Mordbuben gewesen, und weder Regierung noch Gericht hatte sie geschützt. Jetzt aber, 1925, war es sehr willkommen, daß man, auf der Tätigkeit der Friedensfreunde aufbauend, zum Locarno-Pakt kommen konnte, der die Rheinlandräumung in baldige Nähe rückte. Es war die Liga für Menschenrechte gewesen, die von den Nationalisten meistgehaßte pazifistische Vereinigung, die zuerst die Versöhnung mit Frankreich begonnen hatte. Gerade der Umstand, daß das Linkskartell, die politischen Freunde der gehaßten Pazifisten, in Frankreich einen Wahlsieg errungen hatten, gab der Reichsregierung die Möglichkeit, ihr im Augenblick wichtigstes Ziel, den Pakt mit Frankreich und Belgien, zu erreichen. Freilich, diese Verständigung mit dem Westen war von Anfang an nur als Grundlage gedacht, um für eine Revision der Ostgrenze die Hände frei zu bekommen, und die Reichsregierung weigerte sich hartnäckig, mit Polen einen ähnlichen Vertrag wie den mit Frankreich und Belgien abzuschließen. Hatte man schon, wenigstens im Augenblick, auf Elsaß-Lothringen verzichten müssen, so wollte man doch nicht alle Hoffnung auf den Rückerwerb des polnischen Korridors und Danzigs aufgeben.

Diese Absichten im Osten waren einer der wichtigsten Gründe, warum weder die Reichsregierung noch die Parteien auch nur im entferntesten daran dachten, trotz Locarno-Pakt und Deutschlands Aufnahme in den Völkerbund, die Bestimmungen des Versailler Vertrages über die Abrüstung einzuhalten. Diese Aufrüstung konnte jetzt nicht mehr mit den oft plumpen Mitteln der Bandenzeit der ersten Jahre der Republik vor sich gehen. Die Erfüllungspolitik war sozusagen salonfähig geworden, und die rauhen Kämpfer von Baltikum und Ostelbien wurden nicht mehr gebraucht. Jetzt ging man so vor, daß die Beträge, die für die Bewaffnung ausgeworfen wurden, mehr oder weniger getarnt in den Reichs- und Landesvoranschlägen erschienen. Von 1924 bis 1930 und darüber hinaus war es eine der wichtigsten Aufgaben der Friedensvereine, diese oft versteckten Beträge aus den Voranschlägen herauszufinden und das deutsche Volk darauf aufmerksam zu machen, was hier gespielt wurde. Aber das war nur ein Teil der für den Militarismus nötigen Gelder. Es gab auch noch andere Mittel zur Geldbeschaffung. Es waren vor allem Otto Lehmann-Rußbüldt, Carl Mertens, Friedrich Wilhelm Foerster, der Kreis der „Weltbühne" und Küsters „Das andere Deutschland", die einen unermüdlichen, unerbittlichen Kampf gegen die Aufrüstung führten, ebenso wie Stöckers „Dortmunder General-Anzeiger", die einzige pazifistisch eingestellte Tageszeitung Deutschlands.

Von 1924 an wurde der Wiederaufbau des Militarismus dadurch leichter, daß die ehemaligen Feindstaaten selbst das Geld dazu unwissentlich zur Verfügung stellten. Die Fülle des ausländischen Kapitals, das zwischen 1924 und 1929 nach Deutschland strömte, ermöglichte, immer größere Beträge für Heer und Marine auszugeben. Der Heeresvoranschlag hatte für angeblich 115.000 Mann Heer und Marine – das war alles, was der Friedensvertrag erlaubte – 1924 464 Millionen Reichsmark betragen. Er stieg mit großer Geschwindigkeit, 1925 waren es schon 633 Millionen, 1926: 704 Millionen, 1927: 760 Millionen, 1928: 827 Millionen, 1929: 752 Millionen, 1930 trotz der stärker einsetzenden Krise 787 Millionen, 1931 noch immer 760 Millionen, 1932 trotz sechs Millionen Arbeitsloser noch immer 766 Millionen Reichsmark. Alle diese Ziffern, zusammen mehr als sechseinhalb Milliarden Reichsmark in neun Jahren, sind auf Grund der amtlich bekanntgegebenen Heeresvoranschläge zusammengestellt. Daneben gab es natürlich noch eine ganze Reihe weniger öffentlicher Ausgabeposten. So wurden von 1924 bis 1932, also wenigstens fünf Jahre nach Friedensschluß, für Demobilisierung und Abrüstung 200 Millionen Reichsmark veranschlagt. Man könnte noch genug ähnliche lächerliche Ziffern aus den Voranschlägen anführen. Daneben gab es noch die Voranschläge für Luftfahrt – 377 Millionen Reichsmark von 1924 bis 1932, als es Deutschland gar nicht gestattet war, eine Luftflotte zu besitzen – und die Polizei. Unter diesem Posten wurde in geradezu unglaublicher Weise Geld für die Aufrüstung verschleiert. *In den Jahren 1924 bis 1932 wurden insgesamt im Reichsvoranschlag 1800 Millionen Reichsmark für Polizeizwecke eingestellt. Das Reich verfügte aber nur über die Polizeiaufsichtsbehörde, die ungefähr zwei Millionen Reichsmark je Jahr kostete.* Die Länder, die den Überschuß angeblich zugewiesen erhielten, hatten jedoch ihrerseits einen Polizeietat von ungefähr 700 Millionen Reichsmark je

Jahr, und die Gemeinden brachten ungefähr 100 Millionen Reichsmark auf. Kein denkender Mensch kann glauben, daß die deutsche Polizei bei aller ihrer vortrefflichen Ausrüstung zum Bürgerkrieg eine Milliarde Reichsmark je Jahr verschlungen hat.

Wie mit dem Geld der Reichswehr gehaust wurde, geht aus den folgenden Beispielziffern hervor: 1926 gab es für 100.000 Mann 58 aktive Generale. Auf je zwölf Mann kam ein Feldwebel, auf je fünf Mann zwei Pferde. Die Reichswehr verwendete 1926 32 Millionen Reichsmark für Munition, 9 Millionen Reichsmark für Pferdeankauf, Kriegsspiele kosteten im selben Jahr 16 ½ Millionen Reichsmark. 1927 wurde für Bekleidung 260 Reichsmark je Soldaten veranschlagt. Im selben Jahr kostete die Unterhaltung eines Maschinengewehres auf Grund des Voranschlages 4450 Reichsmark (1912 waren es für denselben Zweck 550 Mark gewesen). Die Unterhaltung eines leichten Geschützes, die 1912 600 Mark je Jahr gekostet hatte, war für 1927 mit 20.000 Reichsmark veranschlagt. Mit Ausgaben für soziale Zwecke war das Reich viel sparsamer, wie jeder Arbeitslose oder Sozialrentner bezeugen konnte.

Die deutschen Pazifisten taten, was in ihrer Macht stand, um das deutsche Volk über diese Zustände aufzuklären. Es blieb vergeblich, da die linken Parteien versagten. Die Sozialdemokraten waren im großen und ganzen, abgesehen von einer einmaligen Eskapade Scheidemanns, von der noch die Rede sein wird, einverstanden. Deutschland brauchte doch, wie die Severings und Brauns annahmen, einen Grenzschutz gegen den Osten. Überdies konnte man doch dem Gedanken der „Wehrhaftigkeit des deutschen Volkes" nicht widerstehen. 1927, als die Angriffe der Friedensbewegung gegen den Reichswehretat besonders scharf wurden, erklärte der damalige Parteivorsitzende der SPD, der spätere Reichskanzler Hermann Müller, unter anderem:

„… Grundsätzlich haben wir an dieser Reichswehr festzuhalten und sie zur Grenzverteidigung zu gebrauchen, wenn uns Gefahren wie in Oberschlesien drohen … Die Friedensgesellschaft übt nicht allein Kritik am Reichswehretat, sondern sie richtet die Forderung an die Abgeordneten, insbesondere der Sozialdemokratie, den Reichswehretat abzulehnen … Eine grundsätzliche Ablehnung des Etats (des Gesamtetats. D. V.) wegen des Reichswehretats ist ausgeschlossen ... Die Friedensgesellschaft unterstützt praktisch mit dieser ihrer Politik die Feinde der Republik und des Friedens."

Auch die Kommunisten waren nicht besser und lehnten den Pazifismus ab, um so mehr, als sich enge Beziehungen zwischen der Reichswehr und Rußland angebahnt hatten. Überdies war nach streng marxistischer Auffassung die kapitalistische Wirtschaftsordnung dem Untergang geweiht; bis zu ihrem Untergang aber würde es immer Kriege geben.

Wie weit die Aufrüstung ging, geht aus den verschiedenen Memoranden und offenen Briefen hervor, die die deutschen Pazifisten in jenen Jahren an Reichstag, Reichskanzler und Reichspräsident richteten. Am 24. Februar 1926 unterbreitete der Vorsitzende des deutschen Friedenskartells, Professor Quidde, dem Reichstag ein Memorandum, dessen Einleitung die ganze Tragödie, die ganze fruchtlose Arbeit der deutschen Friedensvereine schlagartig erhellt:

„... Unsere Erfahrung im Erheben von Protesten bei den zuständigen Behörden war zu entmutigend, um eine Wiederholung zu gestatten: einfache Tatsachen wurden abgestritten oder als verleumderischer Tratsch abgetan; manchmal wurden Versprechungen gemacht, zu grobe Mißbräuche abzustellen, aber nichts dergleichen geschah ..." (Aus dem Englischen rückübersetzt.)

Die Denkschrift selbst wies darauf hin, daß durch die Wiederaufrüstung der Erfolg der Außenpolitik des Reiches gefährdet sei und daß dies darüber hinaus eine Gefahr für die Republik selbst darstelle. Das Memorandum enthielt eine Anzahl von Dokumenten, die auf die Aufrüstung Bezug hatten. Neben den Unsummen, die vom Reichstag Jahr um Jahr in den immer offenen Rachen des Molochs Militarismus geworfen wurden, gab es ja auch zur Zeit der Stresemannschen Erfüllungspolitik, und da erst recht, eine geheime Aufrüstung, von der Quidde sprach und für die er Beweise brachte, darunter die eidliche Aussage eines Angestellten der Leitzwerke in Wetzlar, woraus hervorging, daß im Jahre 1924 ein Oberst Kock bei einer Versammlung von ungefähr 40 Unternehmern des Kreises Lahn-Oberhessen u. a. ungefähr folgendes gesagt habe:

„… Da Deutschland mehr und mehr seine noch vom Kriege her ausgebildeten Leute verliere, plane die Heeresleitung die Ausbildung von Freiwilligen, und zwar in sechs oder achtwöchigen Ausbildungskursen innerhalb der Reichswehrverbände. Da die Kosten dieses Planes nicht durch den Reichswehretat gedeckt werden könnten, sollten sie durch freiwillige Beiträge des deutschen Volkes aufgebracht werden, und zwar sollte die Unternehmerorganisation Lahn-Oberhessen 800.000 Reichsmark innerhalb von zwei Jahren aufbringen. Die ersten Einberufungen, für diese Kurse seien bereits ergangen. Insgesamt solle Deutschland durch diesen Plan im Kriegsfalle 35 ausgebildete Divisionen zur Verfügung haben …" (Auszug, auf Grund einer englischen Übersetzung der Originalausgabe.)

Diese 35 Divisionen waren keinerlei neue Sache. Schon ein Jahr früher, im März 1925, hatte die Deutsche Liga für Menschenrechte ein „Weißbuch über die Schwarze Reichswehr" herausgebracht. Der Verfasser dieses Buches, Berthold Jacob, hatte seinerseits Untersuchungen angestellt, die ihn zu dem Ergebnis brachten, daß die Aufstellung von 33 Divisionen geplant sei.

Obwohl später die Geschichte die Feststellungen dieser Denkschriften voll rechtfertigte – im März 1935 kündigte der damalige Reichskanzler Adolf Hitler den ausländischen Militärattaches die Aufstellung von 35 Devisionen an – der Reichstag, der Jacobs Buch einer Debatte für würdig hielt, hatte nichts anderes dazu zu sagen, als daß die Verfolgung seines Verfassers wegen Landesverrats unbedingt nötig sei, was Reichswehrminister Geßler bedauernd ablehnte, da er keine gesetzlichen Grundlagen für ein solches Vorgehen habe. Dagegen wurde Quiddes Denkschrift, wiewohl sie viel mehr Material enthielt und an den Reichstag selbst gerichtet war, von diesem überhaupt nicht beachtet. Totschweigen erschien den würdigen Volksvertretern als die beste Widerlegung, da sie keine Verfolgung des Verfassers einleiten konnten.

Ende 1926 wurde von Otto Lehmann-Rußbüldt, Carl Mertens und Kreiser ein offener Brief an den Reichspräsidenten gerichtet, in dem nicht nur die Feststellungen der beiden früheren Denkschriften wiederholt wurden, sondern auch bestimmte Angaben über die geheime Zusammenarbeit der Reichswehr und der russischen Sowjet-

behörden auf den Gebieten der Flugzeugerzeugung, der Flugmann-
schaftenausbildung und der Giftgaserzeugung gemacht wurden.
Diesmal war jedoch der Aktion wenigstens ein Teilerfolg im Reichstag beschieden. Stampfer berichtet darüber (a. a. O. pag. 452f.):

„… Die drückenden Bestimmungen des Vertrages von Versailles
hatten die Folge gehabt, daß die Reichswehr auf alle mögliche
Art und Weise die ihr gesetzten Schranken auszuweiten strebte.
Da solche Bestimmungen nicht in den Zahlen des Etats zum Ausdruck kommen durften, … war eine Finanzierung eingerissen,
die geradezu heillos war. Auf den verschiedensten Wegen
wurde der Reichswehr Geld zugeführt. Dabei spielte eine Gesellschaft … die sich Gefu und später Wiko nannte, eine große Rolle.
Diese Firma beschäftigte sich mit der Einrichtung einer Rüs-
tungsindustrie in Rußland und warf hohe Summen ab, die zu
Reichswehrzwecken verwendet wurden. Deutsche Offiziere
reisten oft mit falschen Pässen nach Rußland, um dort für
Deutschland Vorbereitungen zu treffen, die ihm durch den Friedensvertrag untersagt waren. Auf der anderen Seite bestand
aber auch die allerengste Intimität zwischen der Reichswehr und
den sogenannten Wehrverbänden, die von der Reichswehr ge-
drillt und auf jede Weise gefördert wurden. (Alle diese Feststellungen waren in der letztgenannten: Denkschrift in ausführlichs-
ter Form niedergelegt. Man wundert sich immer wieder, warum
die Sozialdemokraten, wenn sie alle diese Schweinereien kannten, nur ein einziges Mal in der Rede Scheidemanns dagegen
Stellung nahmen und auch da nur mit einem recht halben Her-
zen. D. V.)

Die sozialdemokratische Reichstagsfraktion war des Tolerierens
satt, … sie beschloß also, eine Klärung herbeizuführen … Der sozialdemokratische Fraktionsvorstand hatte … vertrauliche Be-
sprechungen mit der Regierung über die Reform der Reichswehr
geführt … Die Ergebnisse hatten ihn keineswegs zufriedenge-
stellt … So kam es am 16. Dezember (1926, d. V.) zu einer sehr
dramatischen Sitzung, in der Scheidemann … als Kläger gegen
die Zustände in der Reichswehr auftrat …“

Die Rechtsparteien erklärten Scheidemann, der in seiner Rede das Material des Offenen Briefes benutzte, wieder einmal als Landesverräter, aber auch vielen Sozialdemokraten war seine Rede viel zu scharf gewesen, wie Stampfer selbst zugibt. Marx, der Kanzler, hielt eine Verteidigungsrede, in der er der Reichswehr im Namen des Vaterlandes dankte, natürlich unter stürmischem Beifall der Mitte wie der Rechten. Aber dann stimmten doch die Deutschnationalen für ein sozialdemokratisches Mißtrauensvotum, und die Regierung trat zurück. Mittelbar hatte also die Denkschrift der Deutschen Liga für Menschenrechte den Rücktritt der Regierung zur Folge.

Lange hielt die Feindschaft der SPD gegen die Reichswehr nicht vor, schon deswegen, weil sie den neudeutschen Militarismus unbedingt bejahte. Die neue Regierung, deren Kanzler wiederum Marx war, umschloß nicht nur die Deutschnationalen, sondern auch wieder Herrn Reichswehrminister Geßler. Trotzdem wurden die Angriffe der SPD auf die Reichswehr nicht erneuert. Die Sozialdemokraten trugen ein ebenso gerütteltes Maß von Schuld an der Aufrüstung mit allen ihren Unsauberkeiten wie die übrigen republikanischen Parteien, das Zentrum und die Demokraten, deren Mann Geßler als Reichswehrminister stets ein willfähriges Werkzeug in der Hand der Generäle war. Es war ein Sozialdemokrat, Noske, gewesen, der die nationalistische Einstellung der republikanischen Wehrmacht schon im Jahre 1919 bewußt gefördert hatte. Auch sein Mißerfolg zur Zeit des Kapp-Putsches hatte ihn nicht eines Besseren belehrt, denn 1928, als davon gesprochen wurde, daß Frankreich eine Untersuchung durch den Völkerbund über den Stand der deutschen Aufrüstung herbeiführen wolle, erklärte Noske, damals Oberpräsident der Provinz Hannover:

„Ein deutscher Staatsmann, der eine solche Untersuchung annähme, würde wie ein Hund umgebracht werden, und mit Recht so." (Aus dem Englischen rückübersetzt.)

Im Dezember 1926 jedoch, als Scheidemann seine Attacke gegen die Reichswehr ritt, gab es für die SPD die Möglichkeit, zwei Fliegen auf einen Schlag zu treffen, nicht nur der Regierung Schwierigkeiten zu bereiten, sondern auch die kommunistische Konkurrenz zu treffen, denn es war ja das „Heilige Land" der Kommunisten, Rußland, das

die Aufrüstung ermöglichte und ohne die leisesten Skrupel mit den
wütenden Nationalisten im deutschen Heer zusammenarbeitete.

Die Hauptaufgabe der Reichsregierung schien dieser nicht die
Unterlassung der Rüstungen, sondern nur die Verhinderung ihrer
Enthüllung. Der Entwurf eines neuen Strafgesetzes, 1927 dem
Reichstag vorgelegt, versuchte nicht nur, den Landesverratsparagraphen so zu wenden, daß jeder Verrat militärischer Geheimnisse
an das Ausland unter dessen Strafaktion gestellt würde, sondern
auch, in Paragraph 93, „wenn die geheimzuhaltende Nachricht an
einen anderen gelange und dadurch das Wohl des Landes oder des
Reiches gefährdet werde", auch ohne daß der Angeklagte die Nachricht selbst weitergegeben habe. Dieser Entwurf zeigt mehr als alle
Beweisführung, wieviel die Reichsregierung auf dem Kerbholz
hatte und wie sehr sie die Enthüllung ihrer Machenschaften durch
die pazifistische Propaganda fürchtete.

Die Pazifisten ließen sich dadurch nicht abschrecken. In Flug-
blättern, Zeitschriften und Plakaten wurde in ganz Deutschland immer wieder auf die ungesetzliche Aufrüstung hingewiesen. Hätte
damals die Warnung der Friedensfreunde mehr und besseren Erfolg
gehabt, so wäre dem deutschen Volk und der ganzen Welt viel Un-
heil erspart geblieben. Wie die Dinge jedoch lagen, schien es den
Deutschen wichtiger, 35 Divisionen zu haben, als die Verträge einzuhalten, was immer die Kosten seien, und die Warnungen der Pazifisten verhallten ungehört. Die Aufrüstung ging weiter. Mit der
Wahl Hindenburgs zum Reichspräsidenten, 1926, erhielt der Militarismus weiteren Auftrieb. Bald wurde er stark genug, die Republik,
mit der er sich, solange er schwächer war, abfinden mußte, zu stürzen. Militarismus und Demokratie sind ebenso wenig vereinbar wie
Feuer und Wasser. In der geheimen Aufrüstung schmiedete die
deutsche Demokratie das Werkzeug zu ihrer eigenen Vernichtung.

X.

DER KAMPF GEGEN DEN NEUEN MILITARISMUS

Wenn man bedenkt, daß nicht einmal die so ernsten und lebenswichtigen Mahnungen und Aufrufe der Friedensbewegung über die Gefahr, die der Republik durch die geheime Aufrüstung drohte, im deutschen Volk den nötigen Widerhall erweckten und genügend Beachtung fanden, so wird sich niemand über die zahlenmäßige Schwäche der Friedensbewegung wundern. Die wichtigste und älteste Organisation innerhalb des deutschen Friedenskartells, die Deutsche Friedensgesellschaft, zählte, auch zur goldenen Locarno-Zeit kaum mehr als 30.000 Mitglieder. Im Januarheft 1927 der „Friedens-Warte" stellte der Herausgeber Hans Wehberg die Frage, ob denn nach Locarno und dem Eintritt Deutschlands in den Völkerbund die Friedensbewegung überhaupt noch eine Existenzberechtigung habe:

„... ihre Aufgabe sei im wesentlichen erfüllt; in Genf bestehe ein Völkerbund zur Sicherung des Friedens, für dessen Fortentwicklung die deutsche Regierung, die sich nun endlich dem Bunde angeschlossen habe, sicherlich mit allen Kräften eintreten werde. Deshalb erübrige sich die Friedensgesellschaft ..."

Obwohl seine Antwort bejahend ausfällt, so zeigt doch schon die Fragestellung:

„... Glaubt man ... wirklich, daß die deutsche Regierung mit aller Konsequenz für jene Reformen kämpfen werde, die dem pazifistischen Programm zugrunde liegen?"

die ganze Schwäche der Friedensbewegung in Deutschland.

Man darf nicht vergessen: Während man bei Betrachtung der Verhältnisse im kaiserlichen Deutschland neben der sogenannten bürgerlichen Friedensbewegung die Sozialdemokraten mit ihrem damals noch stark pazifistischen Einfluß nicht übersehen darf, gab es nun diese Zweiteilung der Pazifisten nicht mehr. Die ursprünglich im Jahre 1919 vorhandene antimilitaristische und antikriegerische Stimmung weiter Kreise des deutschen Volkes, wahrscheinlich dessen überwiegender Mehrheit, war längst verraucht. Es gab wohl einige Jahre lang alljährlich Nie-wieder-Krieg-Demonstrationen, aber je länger der Krieg zurücklag, um so mehr waren seine Schrecken vergessen. Auch das „Krieg dem Krieg"-Museum, das die Schrecknisse des Krieges in Bildern in ganz Deutschland verbreitete, hatte mehr und mehr seine Zugkraft verloren. Dazu kam, daß die politischen Parteien nicht das geringste zur Stärkung des pazifistischen Gedankens taten. Die Kommunisten hatten die aus Vertretern der verschiedenen Linkskreise zusammengesetzten Nie-wieder-Krieg-Komitees mit der Begründung verlassen, daß es ebenso sinnvoll sei, gegen Erdbeben zu demonstrieren wie gegen Kriege. Ihre von einem rein mechanisch aufgefaßten Marxismus diktierte Geschichtsauffassung sah im Krieg ein unbedingt unvermeidliches Kennzeichen der letzten Phase der kapitalistischen Wirtschafts- und Gesellschaftsordnung. Schon die Abhängigkeit der Kommunisten von Rußland und der von Moskau als beherrschten Komintern machte ihnen jede pazifistische Betätigung damals unmöglich, denn die Sowjetunion hatte noch immer nicht die geistige Einstellung der Bürgerkriegsjahre ganz überwunden, hielt sich von der ganzen Welt bedroht und erachtete deshalb die Aufrüstung, auch wenn, sie sehr teuer, z. B. durch Zusammenarbeit mit der Reichswehr und deren reaktionären Offizieren, erkauft werden mußte, dennoch als notwendig. Überdies paßte der ganze Völkerbund nicht in das Moskauer Konzept von auswärtiger Politik. Damals hatte sich der Gedanke der kollektiven Sicherheit in Rußland noch keine Anhänger geschaffen; die Sowjetunion stand außerhalb des Völkerbundes und ihm feindlich gegenüber, immer unter dem Eindruck, es könne doch noch eine bewaffnete Intervention erfolgen. Unter russischem Einfluß beantragte die kommunistische Reichstagsfraktion mehrmals den Austritt Deutschlands aus dem Völkerbund.

Die SPD hatte seit Gründung der Republik immer, ob in der Regierung oder in Opposition, die Verantwortung dafür als selbstverständlich angenommen. Es gab wohl bei den Sozialdemokraten, besonders nach dem Zusammenschluß mit der USPD, einige aufrechte Pazifisten, die auch in der Friedensgesellschaft in führender Stellung tätig waren, wie Heinrich Ströbel oder Anna Siemsen, aber im großen und ganzen war die Einstellung der SPD doch so, daß sie wohl für eine versöhnliche Außenpolitik Deutschlands eintrat, aber der geheimen Aufrüstung Deutschlands keinen rechten Widerstand entgegensetzte.

Die Demokraten beantragten immer wieder bei allen möglichen und unmöglichen Gelegenheiten die Ersetzung der Reichswehr durch ein Milizheer, eine Form des Militärdienstes, von dem Professor Ragaz, Zürich, also als Schweizer ein Sachverständiger, erklärte:

„Weit davon entfernt, ein Schutz gegen den Militarismus zu sein, ist das Milizsystem ein besonders günstiger Nährboden dafür … Den Militarismus durch das Milizsystem bekämpfen, heißt den Teufel durch Beelzebub austreiben."

Das Zentrum war nicht besser. Die Reichswehrvoranschläge fanden stets die uneingeschränkte Zustimmung des politischen Katholizismus, auch dessen linken Flügels. So sagte der Abgeordnete Ersing (Zentrum) im Reichstag am 28. März 1927 bei der Beratung des Militäretats:

„… Die Zahl derjenigen, die dem deutschen Volk das Recht zur Verteidigung absprechen …, ist ja an sich nicht groß … Am unverständlichsten scheinen mir jene Kreise zu sein …, die sagen, daß auch sie als Pazifisten bereit seien, anzuerkennen … daß sich das deutsche Volk gegen Angriffe von außen verteidigen darf, die aber dann gleichzeitig verlangen, daß wir den Wehretat ablehnen sollen … Wenn man dem deutschen Volk das Recht zugesteht, seine Grenzen zu verteidigen, dann muß man auch die Mittel bewilligen, die zur Durchführung eines Grenzschutzes notwendig sind …" (Ein recht merkwürdiger Grenzschutz, der je Mann im Durchschnitt 7000 Reichsmark je Jahr kostete, wie Herr Ersing sich leicht ausrechnen konnte, D. V.)

Im ganzen hatte Wehberg sicher recht, wenn er (1927) schrieb:

„… Ja, wenn es noch eine große Partei gäbe, die unsere Ideale mit aller Entschiedenheit voranstellte und keine Kompromisse mit der Realpolitik schlösse! Leider darf man … niemals vergessen, daß z. B. die SPD und die Zentrumspartei in Deutschland noch ganz andere Programmforderungen verwirklichen müssen, daß hinter ihnen eine aus den verschiedensten Elementen zusammengesetzte Wählerschaft steht, die erst langsam und allmählich auf ein pazifistisches Programm geeint werden kann ..." (Sie konnte nicht. D. V.)

Unter diesen Umständen war die Arbeit der pazifistischen Verbände von ganz besonderer Bedeutung. Leider waren jedoch weder die Friedensgesellschaft noch alle anderen Verbände dieser Aufgabe wirklich gewachsen. 1927 trat die Deutsche Liga für Völkerrecht aus dem deutschen Friedenskartell aus. In der Friedensgesellschaft selbst gab es einige sehr tiefgehende Meinungsverschiedenheiten. Diese gingen teilweise bis zum Revolutionsjahr 1919 zurück. Damals schon gab es Differenzen über die Kriegsschuldfrage. Ein Teil der Mitglieder, besonders die Anhänger Foersters, erblickten die Hauptursache des Krieges im preußischen Militarismus, während die andere Richtung das kapitalistische Wirtschaftssystem für diesen wie für alle anderen Kriege der Neuzeit verantwortlich machte. Diese sozialistische Richtung hatte als ihre Hauptvertreter Dr. Kurt Hiller und Dr. Helene Stöcker.

Die wesentlichsten Meinungsverschiedenheiten traten jedoch erst später auf und waren viel tiefergehend. Vor 1914 konnte die Friedensbewegung in zwei Richtungen eingeteilt werden, und zwar in eine bürgerliche, die Kriege durch Organisation, d. h. durch Abrüstung, Schiedsverträge und dergleichen, vermeiden und verhindern wollte, und in eine sozialistische, staatsfeindliche, deren Motto, wenigstens nach außen hin, seinen Ausdruck fand in dem Satz: „Diesem System keinen Mann und keinen Groschen." Nach 1918, als die Sozialisten ihre Einstellung. dem Staat gegenüber änderten, traten die Pazifisten innerhalb der sozialistischen Parteien der Friedensgesellschaft bei, und die beiden Anschauungen vermengten sich mehr oder weniger. Während aber die organisatorische Richtung des Pazifismus durch die Entwicklung der Nachkriegszeit, insbesondere durch die Gründung des Völkerbundes, das Genfer Protokoll u. a. in ihren Ansichten bestärkt wurde, änderte sich die nun im allgemeinen radikal genannte Richtung, die durchaus nicht mehr aus lauter Parteisozialisten bestand. Diese Radikalen sahen in dem Versuch, Kriege durch Organisation zu verhindern oder wenigstens zu erschweren, keinen Ausweg. Sie legten das Hauptgewicht statt auf zwischenstaatliche Verträge, die dann gegebenenfalls nicht eingehalten würden, einfach auf die Kriegsdienstverweigerung. Die Idee von der Kriegsdienstverweigerung war aus England gekommen und hatte bei einem Teil der deutschen Pazifisten eine begeisterte Aufnahme gefunden. Der Gegensatz zwischen den Kriegsdienstverweigerern und der organisatorischen Richtung hatte auch dadurch Bedeutung, daß der Völkerbundsvertrag Kriege unter bestimmten, genau festgelegten Voraussetzungen für zulässig erklärte, wie z. B. den Sanktionskrieg oder den Verteidigungskrieg eines überfallenen Landes. Der Bund der Kriegsdienstgegner und die Gruppe revolutionärer Pazifisten lehnten auch diesen, sozusagen legalen Krieg ab. Eine weitere Differenz, die jedoch auf Deutschland allein beschränkt war, da nur dort (und in Österreich) der Bürgerkrieg eine latente, nie ganz auszuschließende Möglichkeit war, wurde die Frage geschaffen: Sollte eine Abwehrorganisation gegenüber bewaffneten Übergriffen der Reaktion, wie das Reichsbanner, das Recht einer solchen Abwehr haben? Es gab viele Pazifisten – man kann sie vielleicht in diesem Falle auch Utopisten nennen –, die auch dieses Recht als nichtpazifistisch ablehnten.

Während diese oder ähnliche Diskussionen wohl dazu dienten, die Ansichten innerhalb der pazifistischen Bewegung zu klären, brachten sie andererseits mit sich, daß die Einheitlichkeit und die Schlagkraft der deutschen Friedensbewegung immer mehr verlorengingen. Die geradezu lächerliche Einflußlosigkeit der Friedensfreunde auf die deutsche Politik wurde dadurch noch vergrößert. Trotzdem, die Reichsregierung nahm die Friedensbewegung sehr ernst, denn wenn sie auch des deutschen Volkes sicher war, die Veröffentlichungen der Pazifisten wurden auch im Ausland gelesen. Anfang August 1927 schwebten Landesverratsanklagen gegen den Generalsekretär Gerhart Seger, Berthold Jacob, Fritz Küster, Otto Lehmann-Russbüldt, Carl Mertens, Generalmajor Freiherrn von Schönaich.

Das deutsche Friedenskartell bemerkte dazu in einer Erklärung:

„… Es handelt sich bei diesen Verfahren nicht um Mitteilungen an irgendeine auswärtige Macht, etwa gar aus Motiven der Gewinnsucht, sondern um Veröffentlichung von Tatsachen, die

Rechts- und Vertragsverletzungen darstellen, die in den allermeisten Fällen ausländischen Regierungen und vielen Deutschen bekannt sind, aber nicht dem deutschen Volke in seiner Gesamtheit. Zweck der Veröffentlichungen ist, die deutsche Öffentlichkeit gegen das gesetzwidrige Treiben zu alarmieren … Statt zu versuchen, durch Verleumdungsklagen in aller Öffentlichkeit den Tatbestand festzustellen, betreibt man Landesverratsverfahren hinter verschlossenen Türen. Sie können nur bedeuten, daß man, mit allen Mitteln Rechts- und Vertragsverletzungen decken will … Wie können wir für Deutschland Vertrauen zur Ehrlichkeit unserer Politik beanspruchen, wenn jene, die, das Wohl des Reiches fördernd, Vertragsverletzungen aufdecken und kritisieren, statt ehrenvoller Anerkennung Landesverratsklagen ernten? … Deshalb ist es höchste Zeit, daß die gesamte deutsche Öffentlichkeit sich gegen diese skandalöse Schädigung unserer Außenpolitik und unserer Rechtspflege auflehnt.“

Man kann ruhig sein, niemand lehnte sich auf, abgesehen von ein paar Männern, die ohnehin als Querulanten und Stänkerer verschrien waren. Es ist die tragische Schuld des deutschen Volkes, für die es heute büßen muß, daß es sich damals nicht aufgelehnt hat. Damals wäre noch Zeit gewesen, den Militarismus zu unterdrücken. Die Masse des deutschen Volkes blieb gleichgültig, und die Pazifisten allein waren zu schwach, die Reichsregierung zur Einhaltung von Verträgen und Verfassung zu zwingen.

Die Schwäche des Pazifismus zeigte sich am stärksten in der sogenannten Zwickauer Aktion. Zwickau (Sachsen) war ein überwiegend politisch links eingestellter Bezirk und wurde von den deutschen Pazifisten deshalb als Versuchsbezirk gewählt, um dort eine nach englischem Muster durchzuführende Aktion auszuprobieren, Unterschriften für Kriegsdienstverweigerungen zu sammeln. Die Erklärung, die zur Unterschrift aufgelegt war, hatte folgenden Wortlaut:

„In der Überzeugung, daß alle Streitigkeiten zwischen den Völkern entweder durch diplomatische Verhandlungen oder durch irgendeine Form internationaler Schiedsgerichtsbarkeit ge-

schlichtet werden können, erklären wir Unterzeichneten, daß
wir jeder Regierung, die zu den Waffen greifen sollte, ganz
gleich, ob Krieg als Angriffs- oder als Verteidigungskrieg, als
Exekutionskrieg. des Völkerbundes oder zu sonst einem wahren
oder vorgespiegelten Zwecke geführt werden soll, Unterstützung und Kriegsdienst verweigern werden."

Diese Aktion, die ausgezeichnet vorbereitet war – 250.000 Exemp-
lare des Aufrufs hierzu wurden in 483 Orten verbreitet; alle, die das
16. Lebensjahr vollendet hatten, wurden zur Unterschrift zugelassen; die Sozialisten traten in ihrer Presse vorbehaltlos dafür ein –,
brachte im ganzen 86.842 Unterschriften von etwa 650.000 Einwoh-
nern. Von den Unterzeichnern waren 98 v.H. Arbeiter. Kein einziger
Geistlicher hatte sich herbeigelassen, zu unterschreiben. Man kann
wohl sagen, auch wenn damals die Pazifisten anderer Meinung waren und sich ihres Erfolges freuten, daß trotz aller Volksversamm-
lungen und Inserate (halbseitige) in den bürgerlichen Zeitungen die
Aktion ein Versager war: Sie zeigte vor allem, daß die Erfassung der
mittelständischen Kreise und der Bauern (diesen Kreisen hatten nur
zwei Prozent der Zwickauer Unterzeichner angehört) für die Friedensbewegung überhaupt noch nicht gelungen war. Nunmehr war
zahlenmäßig der Grund erwiesen, warum Demokratie im allgemeinen und Pazifismus im besonderen in Deutschland auf so schwa-
chen Füßen standen, da ein so großer Teil der Bevölkerung, Kreise,
die wirtschaftlich von großer Bedeutung waren, geistig noch immer
in einer Vergangenheit wurzelten, die längst hätte tot sein sollen.
Jedoch statt mit aller Kraft an die Werbung zu gehen, deren un-
geheure Bedeutung die Zwickauer Aktion so grell aufgezeigt hatte,
traten die Meinungsverschiedenheiten innerhalb der Friedensbewegung immer stärker hervor und lähmten ihre Tätigkeit mehr und
mehr. Die Erfurter Jahreskonferenz 1927 zeigte die Differenzen in
aller Schärfe. Es gab einfach keine Brücke zwischen dem Präsidenten der Friedensgesellschaft, Professor Quidde, der im März 1927 in
der „Berliner Volkszeitung" für die damals von den Demokraten beantragte Miliz in einem Artikel eintrat, aber dabei noch ein aufrichtiger Pazifist war, und den Radikalen Westdeutschlands, die in Fritz
Küster, dem Herausgeber der westfälischen pazifistischen Wochenschrift „Das andere Deutschland", ihren Wortführer sahen. Für

Küster und seine Anhänger gab es keinerlei Kompromisse mit dem Nationalismus, in welcher Form immer dieser auftrat, während die Berliner Zentrale immer wieder bereit war, Zugeständnisse zu machen. 1927 wurde Quidde, der viele Jahre lang Vorsitzender der Friedensgesellschaft war, nicht mehr wiedergewählt! Um allen Schwierigkeiten aus dem Wege zu gehen, wurde ein dreiköpfiges Präsidium eingesetzt, dem sowohl Quidde als auch Küster angehörten. Eine weitere Meinungsverschiedenheit trat zwischen zwei radikalen Gruppen auf, und zwar zwischen den Westdeutschen und Kurt Hiller. Im übrigen wurde eine Einigungsformel gefunden, die die Arbeit der Friedensgesellschaft für eine kurze Zeit ermöglichte.

Kaum mehr als drei Jahre, nachdem Professor Quidde wegen Landesverrats angeklagt worden war, wurde ihm der Friedensnobelpreis verliehen, eine gerechte Anerkennung einer großen Leistung auf pazifistischem Gebiet, der Erhaltung des pazifistischen Gedankens im republikanischen Deutschland.

Der Vergleich von Erfurt hatte nur eine kurze Lebensdauer. Der Unterschied zwischen den Westdeutschen und dem organisatorischen Pazifismus, der nur auf organisatorische Ausschaltung des Krieges bedacht war, wurde immer größer. Das äußere Zeichen dafür war der Kampf zwischen Küster und Quidde in der Führung der Deutschen Friedensgesellschaft. Er kam zum Ausdruck auf der außerordentlichen Generalversammlung der Friedensgesellschaft im Frühjahr 1929 und in zahlreichen Zeitungspolemiken. Die radikale Richtung siegte, aber die Verhältnisse in Deutschland waren schon so weit gediehen, daß dieser Sieg ohne weitere Bedeutung für die Verbreitung der Friedensidee blieb.

Bei der ungeheuren Politisierung des Reiches wäre eine wirklich folgerichtige pazifistische Politik nur im Rahmen einer eigenen Partei möglich gewesen. Alle Parteien waren so weit vom Nationalismus verseucht – mit Ausnahme der Kommunisten, die nur zeitweise, z. B. 1923, dem nationalen Bazillus erlagen, sonst jedoch in ihrer Politik gänzlich von russischen Einflüssen abhängig waren –, daß die pazifistische Idee in Deutschland nach 1918 auch dann nur wenig oder gar keine Fortschritte hätte machen können, wenn sie bessere Vorkämpfer zu ihrer Verfügung gehabt hätte als die vielfach in Privatfehden steckengebliebene Führergarnitur, die entweder den Demokraten oder der SPD angehörte. Die Auseinandersetzungen auf dem sozialdemokratischen Parteitag von Magdeburg (1929) über das Wehrprogramm zeigen deutlich und besser als alles andere, wie sehr die militaristische Richtung in der SPD noch immer die Oberhand hatte. Die Bestimmung über das Wehrprogramm, die der Parteitag annahm:

> „… Solange diese Gefahren bestehen (d. h. die Machtpolitik imperialistischer und faschistischer Staaten mit neuen Kriegen), braucht die deutsche Republik eine Wehrmacht zum Schutze ihrer Neutralität und der wirtschaftlichen und sozialen Errungenschaften der Arbeiterklasse …"

beleuchtet schlagartig die Lage, denn man stelle sich die deutsche Reichswehr vor, „die wirtschaftlichen und sozialen Errungenschaften der Arbeiterklasse" schützend …

Die innerhalb der Friedensbewegung herrschenden Gegensätze zwischen links und rechts eingestellten Verbänden führte 1929 zur Spaltung des deutschen Friedenskartells. Es hatte seit 1921, also acht Jahre lang, bestanden und war jetzt wegen der Meinungsverschiedenheit über die von der preußischen Landesregierung verbotene Maidemonstration gesprengt worden. Diese Sprengung erfolgte durch den Austritt der beiden wichtigsten Vereine, der Liga für Menschenrechte und der Friedensgesellschaft. Der Streit war so entstanden, daß ein Teil der Kartellvereine verlangte, das Kartell solle zu der bevorstehenden Auseinandersetzung zwischen den Kommunisten und der preußischen Polizei Stellung nehmen und von vornherein die Polizeiaktion verurteilen. Die beiden Vereine, die dann später austraten, die auch eine Verurteilung der überhitzten kommunistischen Demagogie verlangten, wurden überstimmt.

Bisher wurde in dieser Geschichte der Friedensbewegung der kleineren pazifistischen Verbände, die nach 1919 entstanden waren, oder jener Verbände, die den Pazifismus nur als einen Teil ihres Programms betrachteten, kaum gedacht. Das ist insofern berechtigt, als deren Einfluß entweder an sich sehr gering oder, wenn es sich um stärkere Verbände handelte, ihr Einfluß auf die Entwicklung der Friedensbewegung nicht sehr groß war und durch das Friedenskartell ausgeübt wurde, dessen wichtigere Aktionen alle hier verzeichnet wurden. Diese Organisationen mögen auf anderem Gebiet sehr bedeutungsvolle Leistungen vollbracht haben, wie z. B. der Bund entschiedener Schulreformer oder der Reichsbund der Kriegsbeschädigten, während die kleineren Verbände, wie die pazifistischen Vereine auf religiöser Grundlage, in ihrem Kreise gewiß wichtige Aufklärungsarbeit für die Friedensbewegung leisteten, aber bei der Festsetzung der großen Linie der pazifistischen Politik im Reich nur einen beschränkten Einfluß ausübten.

Kartell oder nicht, der Einfluß der Friedensbewegung war auch in den ruhigen Jahren der Weimarer Republik zu gering geblieben, um den Wiederaufstieg des Militarismus verhindern zu können. Nach sechs Jahren einer beispiellosen Förderung durch die demokratische Republik war nun der Militarismus, dadurch gestärkt, daß der Reichspräsident, Hindenburg, sich selbst als vornehmsten Vertreter der militärischen Tradition betrachtete, endlich so weit, daß er dieser gehaßten Republik, die ihn großgezogen hatte, den Gnadenstoß versetzen konnte.

Es wäre lächerlich zu zweifeln, daß die Wähler der Sozialdemokraten, der Staatspartei, des Zentrums in ihrer Mehrheit überzeugte Republikaner und Demokraten, Anhänger also jener Regierungsform waren, die ihr erstes Ziel in der Übereinstimmung des Willens der Regierung mit dem des Staatsvolkes sieht. Trotzdem hatten diese drei Parteien dadurch, daß sie es für nötig gehalten hatten, gleichzeitig die geheime und offene deutsche Wiederaufrüstung zu fördern, es dazu gebracht, daß die von ihnen gewünschte Regierungsform zusammenbrach. Eine starke militärische Gewalt wird sich nie der Staatsgewalt unterwerfen, sondern immer versuchen, sie zu beherrschen; gerade dieser Umstand ist es, der den Militarismus so gefährlich macht. Ende 1929 war die Generalskamarilla in Deutschland so weit, daß sie sich stark genug dünkte, den Staat nun in ihrem Sinne umzubauen.

Die damals einsetzende Wirtschaftskrise gab den Generälen die Gelegenheit, einzugreifen. Die sozialdemokratische Regierung Hermann Müller-Franken hatte in der ganzen Zeit ihrer Amtstätigkeit nicht weniger Gelder für die Aufrüstung zur Verfügung gestellt als die Bürgerblockregierungen der früheren Jahre. Trotzdem wurde unter dieser Regierung der Plan zu einem Kabinett, das ohne oder gegen den Reichstag regieren würde, gefaßt. Die Republik hatte den, Militarismus, der sie stürzen wollte, selbst großgezogen.

XI.

DAS ENDE DES DEUTSCHEN PARLAMENTARISMUS

Während P. Strathmann [Stratmann] O.P. noch seinen katholischen Glaubensbrüdern im Friedensbund Deutscher Katholiken vorschlug:

> „… eine internationale Front der Katholiken gegen die Wehrpflicht, außerdem Boykott gegen die Nationen, die die Wehrpflicht wieder einführen …",

war seine Partei, das Zentrum schon unter die Führung des auf dem rechten Flügel stehenden Dr. Kaas gekommen, und ein anderer Zentrumsmann, Dr. Brüning – von dem ein witziger Kopf gesagt hat, er trage ein Eisernes Kreuz an seinem Rosenkranz –, war von der Führung der Reichswehr schon als der Scharfrichter der deutschen Demokratie ausersehen worden. Während Küster und Professor Quidde darüber stritten, ob die Mitglieder der Friedensgesellschaft „Das andere Deutschland" oder eine andere pazifistische Zeitschrift beziehen sollten, waren Hindenburgs Sohn, General Schleicher, Staatssekretär Meissner, Minister General Gröner schon darüber einig, wie sie der Republik den Garaus machen wollten. Die Gruppe Revolutionärer Pazifisten gab sich ein neues Programm, aber es war schon bedeutungslos, denn die Gruppe der gegenrevolutionären Generäle, die wesentlich stärker war, beschloß, des trocknen Tons nun satt, wieder recht den alten Teufel zu spielen.

Am 31. März 1930 wurde Dr. Brüning zum Reichskanzler ernannt, und der Todeskampf der deutschen Demokratie begann. Dr. Brüning eröffnete seine Regierungstätigkeit mit der Erklärung, daß er eine Regierung der Frontsoldaten gebildet habe. Das war immerhin zwölf Jahre nach dem Ende des Krieges, aber es zog noch immer. Da die Republik nichts getan hatte, den Geist des Militarismus auszurotten, mußte das deutsche Volk jetzt ohnmächtig zusehen, wie jene Kreise, die vier Jahre lang nicht fähig gewesen waren, den Krieg, den sie im August 1914 so leichtfertig begonnen hatten, zu gewinnen, die deutsche Freiheit bedrohten. Denn die Regierungserklärung Brünings enthielt folgende Sätze:

„Mein Kabinett wurde in der Absicht gebildet, in der kürzesten
Zeit die Aufgaben, welche allgemein als notwendig erachtet werden, zu erfüllen. Es ist der letzte Versuch, sie mit der Unterstützung des Reichstages zu erfüllen ..." (Aus dem Englischen rückübersetzt.)

Damit war die Ausschaltung der Volksvertretung für den Fall, daß
sie den „Frontkämpfern" nicht genügend gehorchen würde, ange-
droht worden. Die Mittel dazu hatte die Republik in der Weimarer
Verfassung im Artikel 48 selbst geschmiedet, der dem Reichspräsidenten das Recht gab, Notverordnungen zu erlassen. Mit solchen
Notverordnungen sollte also in Zukunft regiert werden. Als der
Reichstag aufzumucken wagte, wurde er aufgelöst. Die September-
wahlen 1930 zeigten die politische Unreife des deutschen Volkes:
der Aufstieg der NSDAP begann. In ihrem panischen Schrecken begannen die Sozialdemokraten und andere Linkskreise die verhäng-
nisvolle Politik des kleineren Übels, die Tolerierung Brünings und
seiner verheerenden Notverordnungen, statt durch eine kraftvolle
eigene Politik zu zeigen, daß es ein Drittes neben der hemmungslosen Demagogie der NSDAP und der grauen Hoffnungslosigkeit
Brünings gab.

Stresemann war am 3. Oktober 1929 gestorben. Die neue Außenpolitik nach seinem Tod unter Brünings Kanzlerschaft strebte weiterhin nach einer möglichst weitgehenden Revision des Versailler
Vertrages; vor allem wurde den Reparationen der Kampf angesagt.
Angesichts der Wirtschaftskrise könne Deutschland nicht zahlen. Es
waren wohl mehr ausländische Kredite in das Land gekommen, als
die bisher bezahlte Reparationssumme betrug, und diese Kredite
waren zum größten Teil weder schon zurückgezahlt worden, noch
bestand die Absicht, sie jemals zurückzuzahlen. Überdies war für
die geheime Aufrüstung, die natürlich in der Krise unvermindert
weiterging, genügend Geld vorhanden. Ja, es wurde sogar die Ver-
doppelung der nach dem Versailler Vertrag zugelassenen Höchst-
stärke der Reichswehr verlangt. Auch in der Kriegsschuldfrage
wurde ein neuer Vorstoß unternommen. Die nationalistische Arro-
ganz des Dritten Reiches warf schon ihre Schatten voraus.

Es scheint unglaublich, war aber doch so, daß die Friedensbewegung eines der ersten Opfer der nationalistischen Welle wurde. Im

Juli 1931 schlug Dr. Hans Wehberg, Schriftleiter der „Friedens-Warte", vor, daß sich die Friedensbewegung an „die Spitze der Revisionsbewegung" des Versailler Vertrages stelle. Die Wiederherstellung der durch den Krieg verwüsteten Gebiete solle von allen Staaten getragen werden:

> „... Ist es nicht ein großer Gedanke, daß die furchtbaren Schäden des letzten Krieges, der noch unternommen worden ist ... letzten Endes von allen Völkern gemeinsam getragen werden?"

denn man müsse anerkennen, daß auch in der Schuldfrage eine Revision alter Ansichten unvermeidlich sei, daß

> „... erstens ... die moralische Schuld der Gegner Deutschlands am Ausbruch des Weltkrieges erheblich größer ist, als man unter dem Eindruck alliierter Propaganda lange Zeit geglaubt hat, und zweitens, daß man, um die Welt und Europa aufzubauen, nicht so viel von der Vergangenheit als vielmehr von der Zukunft sprechen soll ..."

Dem Ganzen wurde aber die Krone aufgesetzt durch folgende Feststellung:

> „... Der Pazifismus in Deutschland kann eine große Mission erfüllen, wenn er sich die berechtigten Forderungen des deutschen Volkes zu eigen macht ... In Wahrheit aber ist die Friedensbewegung ... da, um ... die berechtigten Forderungen des eigenen Volkes zu vertreten ..."

Diese ganz nationalistisch und reaktionär klingenden Vorschläge lösten keineswegs jenen Sturm der Entrüstung aus, den man erwartet hätte. Die unbedingten Pazifisten, wie Ströbel und Foerster, wandten sich natürlich gegen den Nationalismus Wehbergs, wie von ihnen nicht anders zu erwarten war, aber der Präsident der Friedensgesellschaft, Schönaich, nahm schon eine etwas versöhnlichere Stellung ein, und andere stimmten Wehberg unbedingt zu, wie Hertz und sogar Professor Schücking, der an Wehberg u. a. schrieb:

„... Ich bin ganz besonders glücklich über Ihre politische Linie, wie Sie eine von dem extremen deutschen Pazifismus abweichende Auffassung zur Schuldfrage und zum Problem der Revision der Verträge entwickeln ..."

Überhaupt ging es um diese Zeit in der Friedensgesellschaft, die alle die Jahre das Rückgrat des deutschen Pazifismus dargestellt hatte, drunter und drüber. Das kam so: Im Sommer 1931 war es innerhalb der SPD zu einer ernsten Differenz gekommen, deren Anlaß die Frage der Tolerierung der Regierung Brüning war. Diese Differenz griff auch auf die Sozialdemokraten in der Leitung der Friedensgesellschaft über. Während die Mehrheit innerhalb der SPD unbedingt auf dem Standpunkt des „kleineren Übels" der Unterstützung Brünings stand, war eine Gruppe, zu der vor allem auch führende Männer der Friedensgesellschaft, wie Küster und Ströbel, zählten, der Meinung, daß nur eine gründliche Änderung dieses Zustandes, scharfe Opposition gegen Brüning und Entwicklung eines eigenen Programms, die Partei und die Republik retten könnten. Die Führer dieser Opposition innerhalb der SPD wurden aus der Partei ausgeschlossen und gründeten später unter dem Namen „Sozialistische Arbeiterpartei" [SAPD / SAP] eine neue Partei.

Das wichtigste Organ der Friedensgesellschaft, Küsters „Das andere Deutschland", nahm an diesem Kampf lebhaften Anteil. Das ging so weit, daß es zwischen Küster und der SPD zu einer Reihe unerquicklicher Prozesse kam. Es ist hier überflüssig, auf deren Tatbestand einzugehen, aber man muß sie erwähnen, weil diese Entwicklung zeigt, wie sehr in der Atmosphäre der Brüning-Diktatur die Zersetzung des politischen Lebens in Deutschland nicht nur in der SPD, sondern auch in der Friedensgesellschaft gediehen war. Am 23. September 1931 faßte der SPD-Vorstand den Beschluß, daß die Zugehörigkeit zur SPD einerseits und zur Friedensgesellschaft andererseits unvereinbar sei. Dieser Beschluß war auf das Verhalten Küsters und Ströbels im Verlauf der Parteidifferenzen zurückzuführen.

Eine Woche später fand die Generalversammlung der Friedensgesellschaft statt, die vor allem eine Auseinandersetzung mit diesem Beschluß des sozialdemokratischen Parteivorstandes brachte. Da viele Mitglieder der SPD angehörten, erheischte die Lage eine Auseinandersetzung, um den Mitgliedern unnötige Gewissenskonflikte zu ersparen. Der Ausschuß der Gesellschaft legte der Generalversammlung folgende Erklärung vor, die angenommen wurde und von der man eine Versöhnung mit der SPD erwartete:

„Die DFG ist eine überparteiliche Organisation. Deshalb hat sie weder den Willen noch die Möglichkeit, in das organische Gefüge irgendeiner Partei einzugreifen oder ihren Mitgliedern eine bestimmte parteipolitische Haltung vorzuschreiben. Sie verlangt von ihren Mitgliedern nur, daß sie sich zu dem Programm der Friedensgesellschaft bekennen. Die für die Mitglieder der DFG zugelassenen Pflichtorgane (‚Das andere Deutschland‘, ‚Friedens-Warte‘ und ‚Deutsche Zukunft‘) sind redaktionell unabhängig.“

Dazu hatte die Norddeutsche Arbeitsgemeinschaft einen Zusatzantrag eingebracht, der eine weitere Brücke zur SPD baute:

„Bei der parteipolitischen Betätigung namentlich der führenden Mitglieder der Deutschen Friedensgesellschaft ist es notwendig, daß sie Äußerungen und Handlungen unterlassen, die Zweifel an dem überparteilichen Charakter der Friedensgesellschaft erwecken können.“

Da diese Resolution abgelehnt wurde und die erste angenommene Resolution der SPD nicht weitgehend genug war, schwand jede Aussicht auf einen Vergleich. Gegenüber den Pazifisten konnte der sozialdemokratische Parteivorstand viel strenger sein als gegenüber militaristischen Elementen – Noske war noch immer Mitglied der Partei. Eine weitere Auseinandersetzung auf dieser Tagung betraf einen Antrag der westdeutschen Landesgruppe auf Austritt aus dem Internationalen Friedensbüro in Genf. Die Friedensgesellschaft war mit diesem Büro unzufrieden, da auf dem 28. Weltfriedenskongreß in Brüssel ein deutscher Antrag, die Aufmerksamkeit des Völkerbundes auf die Pazifistenverfolgungen in Deutschland zu richten, abgelehnt worden war. Der Antrag der westdeutschen Landesgruppe wurde jedoch abgelehnt, und die deutschen Pazifisten blieben weiter in ihrem internationalen Verband.

Freilich, sie konnten dort keinen Staat mehr machen. Bald nach der Generalversammlung traten Professor Quidde und Helmut von Gerlach aus der Friedensgesellschaft aus, da ihre Differenzen mit Küster zu tiefgehend waren. Es ist zweifellos, daß diese Differenzen in der allgemeinen Atmosphäre des Niederganges stärker hervortraten; in einer Zeit des Aufstiegs des Pazifismus hätten sie sich leicht überbrücken lassen. Auch die Deutsche Staatspartei (die ehemalige Demokratische Partei) verbot ihren Mitgliedern die Zugehörigkeit zur Deutschen Friedensgesellschaft, was allerdings infolge der Bedeutungslosigkeit der Staatspartei keine große Rolle spielte. Die Auflösung des Pazifismus in Deutschland hatte eingesetzt.

Auch den andern Organisationen der Friedensbewegung ging es nicht besser. Wohl waren sie manchmal noch in der Lage, eindrucksvolle Kundgebungen abzuhalten, wie z. B. der Friedensbund Deutscher Katholiken im November 1931. Dr. Pünder von der Reichskanzlei und andere offizielle Vertreter konnten jedoch ebensowenig wie der Bischof von Berlin irgendwie die politische Bedeutung der Tagung erhöhen; während noch große Worte über die Pflicht der Katholiken im Kampf um den Frieden gewechselt wurden, hatte der politische Führer desselben deutschen Katholizismus, Reichskanzler Brüning, schon zweimal mit Hitler über dessen Machtanspruch verhandelt, und diese Verhandlungen waren nicht etwa an der prinzipiellen Ablehnung Brünings, sondern daran gescheitert, daß Hitler seine Macht nicht mit dem Zentrum teilen wollte.

Auch der halboffiziellen Deutschen Liga für Völkerrecht ging es nicht viel besser als den andern Organisationen. Sie klagte in ihrem Jahresbericht 1931 über „einen Ausfall an Mitgliedsbeiträgen und Spenden von etwa der Hälfte der Beiträge". Man wird kaum weit fehlgehen, wenn man annimmt, daß die Austritte aus den verschiedenen Friedensorganisationen viel weniger durch die Wirtschaftskrise als dadurch verursacht wurden, daß viele der ehemaligen Mitglieder, ihre Überzeugung ändernd, nunmehr neuen nationalistisch-militaristischen Idealen sich zuwandten.

Obgleich also die Friedensbewegung infolge des wachsenden Nationalismus in völliger Auflösung war, setzte doch die Reichsregierung zu einem vernichtenden Schlag gegen sie ein. Wie groß muß ihre Angst vor Enthüllung der unsauberen Machenschaften der Reichswehr gewesen sein, was für eine Fülle von Unsauberkeit und

Illegalität muß es gegolten haben zu verstecken und vor der Enthüllung zu bewahren! Im Mai 1931 verlangte der Propagandachef der Reichswehr – ja, das gab es wirklich, obwohl die Reichswehr angeblich nur 100.000 Mann stark war – ein besonderes Landesverratsgesetz gegen Pazifisten. Namentlich Professor Foerster hatte es dem Herrn Propagandachef angetan. (Es ist nicht ohne Interesse, festzustellen, wie sehr der aufrichtigste Pazifist deutscher Zunge von allen Seiten angefeindet wurde, nur weil er nicht von der Wahrheit lassen konnte und ein fanatischer Gegner jedes Kompromisses schien. Stresemann hatte erklärt, er sei ein Schuft, die „Friedens-Warte" hatte ihn wiederholt scharf angegriffen, Hiller, der Kopf der revolutionären Pazifisten, ließ kein gutes Haar an ihm. Und wenn man jetzt, post festum, 15 und 20 Jahre später die Sache überdenkt, muß man sagen, daß keiner, weder in Deutschland noch im Ausland, besser wußte, worum es seit 1918 ging, als Foerster. Wieviel Unglück hätte man der ganzen Welt und Deutschland im besonderen ersparen können, hätte Foerster mehr Gehör gefunden!) Infolge des schlechten Gewissens der Reichsregierung schlägt also der Herr Propagandachef vor:

„Diese (pazifistische) Propaganda ist glatter Landesverrat. Aber dieses Urteil ist zunächst nur ein Schlagwort. Auch Schlagwörter haben ihre innere Begründung, und gerade auf strafrechtlichen Gebiet wachsen sie gewöhnlich aus dem natürlichen Rechtsempfinden des Volkes. Aber jedes Schlagwort wird wirkungslos, wenn sein Gebrauch nicht immer wieder von der Prüfung seiner sachlichen Berechtigung begleitet wird. Mit dem Begriff des Landesverrats ist in den letzten Jahren vielfach Mißbrauch getrieben worden, indem politische Parteien ihn gedankenlos anwendeten, um innerpolitische Gegner zu diffamieren. Die Pazifisten, denen aus guten Gründen der Vorwurf des Landesverrates gemacht wird, haben diese Entwertung des Landesverrates ausgenützt und nennen sich mit einem gewissen Stolz: ,Wir Landesverräter' … Vernünftigerweise soll man immer wegen Landesverrats bestrafen, wenn man annehmen kann, daß das Bewußtsein bei dem Täter vorgelegen haben könne, daß irgendeine Schädigung der Reichsinteressen möglich wäre. Es genügt also für die vorsätzliche Begehung des Landesverrats vollkommen, wenn der Pazifist bei seiner Veröffentlichung weiß, daß die Preisgabe geheimer Tatsachen die Stellung der deutschen Regierung. bei den Abrüstungsverhandlungen in irgendeiner Weise zu schädigen geeignet ist …"

Einsperren. Ins Zuchthaus sperren. Das Zuchthaus als politische Waffe. Das war der politischen Weisheit der Reichswehr letzter Schluß. Auch Reichswehrminister Gröner hieb in dieselbe Kerbe. In einem Artikel in der „Deutschen Allgemeinen Zeitung" am 29. November 1931 nannte er diejenigen Pazifisten, die im Kampf gegen die illegale Wiederaufrüstung in der ersten Reihe standen, „potentielle Landesverräter". Staatsverleumdung war das schöne Wort, das Gröner für die Bestrebungen hatte, die Rüstungen zu verhindern, für die das deutsche Volk heute noch die Zeche bezahlen muß.

Diese wütenden Angriffe erfolgten gegen eine hoffnungslos im Niedergang begriffene Bewegung. Im Herbst 1932 versuchten die von der Deutschen Friedensgesellschaft abgesplitterten Orts- und Landesgruppen der gemäßigten Gerlach-Quidde-Richtung eine neue Dachorganisation, den Deutschen Friedensbund, zu gründen, der jedoch vier Monate vor Toresschluß keinerlei Bedeutung mehr erlangen konnte.

Auch die Friedensgesellschaft selbst ging sehr zurück. Einzelaustritte und Absplitterungen ganzer Ortsgruppen und Ortsgruppenverbände nahmen zu. Zweifellos war es die Wirtschaftskrise, die in vielen Fällen die Mitglieder zu Ersparnissen zwang; es wäre jedoch falsch, darin die einzige Ursache der vielen Austritte zu suchen. Die nationalistische Welle, die durch Deutschland ging und verheerend auf fast alle bürgerlichen Parteien wirkte, machte vor der Friedensgesellschaft nicht halt. Die pazifistische Einstellung vieler Mitglieder war nur ein dünner Anstrich gewesen, der zur Zeit des Locarno-Vertrages, durchaus im Einklang mit der öffentlichen Meinung schien. Diese selbe öffentliche Meinung hatte nun eine gründliche Änderung erfahren, und so erschien es vielen nicht mehr nötig, den pazifistischen Anstrich beizubehalten. Überdies, in dem Zwiespalt zwischen Parteitreue und Pazifismus hatten viele Sozialdemokraten es vorgezogen, der Partei die Treue zu bewahren. Es war, wie man auch ohne zu kritisieren feststellen kann, eine äußerst ungünstige Zeit für die Differenzen zwischen SPD und Friedensgesellschaft. So kam es, daß diese im Januar 1933 von den ehemals 30.000 Mitgliedern kaum mehr 5000 besaß. Die Welle des Nationalismus stieg und stieg, Monate bevor Hitler zum Reichskanzler ernannt wurde, und der Pazifismus, der es schon früher in Deutschland so schwer hatte, wurde das erste Opfer der Präsidialdiktatur.

In der Angst vor dem wachsenden Nationalsozialismus war es nicht die SPD allein, die nach dem Strohhalm des „kleineren Übels" griff, sondern auch einzelne führende Leute der Friedensbewegung sahen in der Wiederwahl des kaum mehr zurechnungsfähigen alten Hindenburg zum Reichspräsidenten an Stelle Hitlers einen Sieg der Demokratie, ohne sich auch nur einen Augenblick durch den Kopf gehen zu lassen, daß es gerade Hindenburg gewesen war, der die Notverordnungsregierung Brüning und die sie beherrschenden Generäle ermöglichte. Die Verhandlungen zwischen Prälat Kaas, dem Vorsitzenden der Zentrumspartei, und Nazi Gregor Strasser müßten politisch Eingeweihten ebenso bekannt gewesen sein wie die Beziehungen des SA-Stabschefs Röhm zum Reichswehrministerium. Trotzdem, in der „Friedens-Warte", einem der angesehensten Organe des gemäßigten deutschen Pazifismus, „beglückwünschte sich" Wehberg im April 1932 dazu, daß

„Hindenburg und nicht Hitler Reichspräsident wurde. Von diesem Gesichtswinkel ist es auch für die Friedensbewegung bedeutsam, daß der Ansturm des Faschismus abgeschlagen (die Diktatur der Reichswehr als das kleinere Übel. D. V.) und Deutschland durch die Regierung Hindenburg-Brüning der Gefahr des Chaos entrissen wird."

Wie weit unter dieser Regierung Hindenburg-Brüning die Militärdiktatur gediehen war und sich alle Organe des Staates dienstbar gemacht hatte, geht aus dem Urteil des Reichsgerichtes vom 17. November 1931 gegen Carl von Ossietzky, Herausgeber der „Weltbühne", und Schriftsteller Walter Kreiser hervor:

„Die Angeklagten werden wegen Verbrechen gegen Paragr. 1, Absatz 2 des Gesetzes über Verrat militärischer Geheimnisse vom 3. Juni 1914 ein jeder zu einem Jahr und sechs Monaten Gefängnis ... verurteilt ..."

Für die Verkündung der Urteilsbegründung wurde die Öffentlichkeit ausgeschlossen,

> „da die tatsächliche und rechtliche Würdigung des inkriminier-
> ten Artikels durch das Gericht naturgemäß nicht erfolgen
> konnte, ohne die in Rede stehenden geheimen Nachrichten zu
> erwägen und zu beleuchten …“

Der Anlaß zu diesem Schandurteil, wohl eines der ärgsten, das die
sogenannte Justiz der Weimarer Periode je von sich gab, war ein Artikel der *„Weltbühne“*, „Windiges aus der deutschen Luftfahrt“, gewesen, der in sehr verdeckter Form im Jahre 1929, also zur Amtszeit
des Kabinetts Müller-Franken, auf die deutsche Luftrüstung hingewiesen hatte. Das war vom deutschen militaristischen Standpunkt
aus um so schlimmer, als der Vertrag von Versailles jede deutsche
Luftrüstung ausdrücklich verbot. Darum also mußten Kreiser und
Ossietzky eingesperrt werden. Endlich einmal mußte einer von diesen „janz faulen Kunden“, den Pazifisten, ins Gefängnis. Dabei hatte
Ossietzky den Zorn der Offizierskaste um so mehr auf sich geladen,
da er einer der wichtigsten Organisationen[3] der „Nie wieder Krieg“-
Kundgebungen gewesen war, die in den zwanziger Jahren viel dazu
beigetragen hatten, die Friedensidee in Deutschland zu verbreiten.
Ossietzky war einer der ersten, die nach Hitlers Ernennung zum
Reichskanzler verhaftet wurden. Er hatte damals einen Teil seiner
Strafe abgesessen, der Rest war ihm infolge einer allgemeinen Am-
nestie erlassen worden. Er hat die Nazigefängnisse nie mehr lebend
verlassen, und auch der Umstand, daß ihm der Friedensnobelpreis
verliehen wurde, konnte ihn nicht retten. Im Gegenteil! Nun erst
recht war es notwendig, ihn umzubringen, denn die NSDAP, wollte
noch dazu ihn um den Nobelpreis prellen. Norwegische Kronen
sind Devisen, daher nicht zu verachten.

Gespalten und ohnmächtig, fast aller Anhänger beraubt, mußte
die deutsche Friedensbewegung zusehen, wie auf Brüning Papen
folgte und auf Papen Schleicher. Die Militärdiktatur war möglich
geworden, da die Republik, was auch immer für eine Regierung im
Amt war, es stets für nötig gehalten hätte, das bodenlose Faß der

---

[3] [Vermutlich Setzfehler: statt „Organisatoren“, pb.]

militärischen Ausgaben mit den hartverdienten Steuergeldern des deutschen Volkes zu füllen. Nun waren die führenden Kreise der Reichswehr stark genug, den Politikern, die sie großgezogen hatten und mit denen man sich eine Zeitlang hatte abfinden müssen, den Fußtritt zu geben, auf den die Generäle so lange gewartet hatten. Und als es Hitler gelang, die Reichswehr davon zu überzeugen, daß es ihr unter seiner Kanzlerschaft noch besser gehen würde, wurde Schleicher, der begann, verdächtige soziale Anwandlungen zu zeigen, durch Hitler ersetzt. Noch hatte Hitler, auch nach den Wahlen vom 5. März 1933, allein nicht die Mehrheit. Aber die Feigheit der nicht nationalsozialistischen Parteien (mit Ausnahme der SPD, die Kommunisten waren schon verboten) gab Hitler mit Zweidrittelmehrheit des Reichstages ein Ermächtigungsgesetz, das ihm ermöglichte, als Diktator gesetzlich zu regieren, d. h. Gesetze in Verordnungsform, ohne Zustimmung des Reichstages, zu erlassen. Keine Entschuldigung, keine Reue kann von diesen Parteien jemals wieder die Schmach, die sie damit auf sich luden, abwaschen.

Mit dem Ermächtigungsgesetz war auch das letzte schäbige Restchen der deutschen Demokratie, das nur mehr auf dem Papier bestanden hatte, zu Ende gekommen. Mit allen andern fortschrittlichen Bewegungen wurde auch die Friedensbewegung brutal unterdrückt. Einige wenige Pazifisten konnten fliehen; viele, wie Küster und Ossietzky, wanderten in die Konzentrationslager, um dort zu büßen, daß sie es gewagt hatten, in der Sprache Kants den ewigen Frieden zu fordern. Die Zeit von „Deutschlands tiefster Erniedrigung" war angebrochen.

Es war weder Hitler noch die NSDAP, die die deutsche Friedensbewegung zerstört hatten, sondern die Tatsache, daß die Republik und die Politiker, die sie jeweils beherrschten, vierzehn Jahre lang nicht nur den Nationalismus, zu jeder Zeit übermächtig in Deutschland, nicht bekämpften, sondern auch, alle Verträge verletzend, den Militarismus offen und geheim so lange und so weit nach seiner Niederlage wieder großzogen, bis er mächtig genug war, die Republik zu verschlingen. Wer Dreck angreift, besudelt sich. Und wer dem Militarismus die Hand reicht, wird von ihm verschlungen.

XII.

NACHWORT
(verfasst 1947)

Die Geschichte der Friedensbewegung in mehr als 60 Jahren allgemeiner deutscher Geschichte erfordert ein kurzes Nachwort. Vor allem: Der Mangel an verfügbaren Quellen hat die vorliegende Arbeit schwer beeinträchtigt. Der Verfasser ist sich voll dessen bewußt, daß eine ganze Reihe wichtiger Tatsachen nicht berührt werden konnten, obwohl es nötig gewesen wäre, sie zu erörtern, einfach, weil das Material überhaupt nicht oder nicht in der zur Verfügung stehenden Zeit zu beschaffen war. Vieles in Deutschland wurde von Goebbels' Horden verbrannt; vieles in England durch deutsche Bomben zerstört. Trotzdem gibt sich der Autor der Hoffnung hin, die Linie der Entwicklung der deutschen Friedensbewegung, soweit es unter den augenblicklichen Umständen möglich war, herausgearbeitet zu haben. Dabei mußte immer auf Tatsachen und Geschehnisse der allgemeinen deutschen Geschichte hingewiesen werden. Diese Geschehnisse konnten nur zum Teil in wenigen Worten erörtert werden, zum größeren Teil mußten sie als bekannt vorausgesetzt werden. Das ist zweifellos ein Mangel, aber auch eine ganz kurze Darstellung des gesamten historischen Hintergrundes, obwohl sicherlich nicht überflüssig, hätte den zur Verfügung stehenden Rahmen gesprengt.

Sogar diese dürftige Darstellung des historischen Hintergrundes hatte jedoch die Folge, daß nicht nur diese Geschichte in einem anderen Lichte gezeigt wurde, als sie vielfach dem deutschen Leser im allgemeinen bisher dargestellt worden ist, sondern daß auch eine oft scharfe Kritik von Personen und Ereignissen nicht immer unterbleiben konnte. Nun ist es zweifellos eine Tatsache, daß der Ablauf geschichtlicher Ereignisse so sehr wie nur möglich ohne Kritik des Historikers zu erfolgen habe, was in diesem Buche nicht der Fall ist, wo der Verfasser niemals eine Ablehnung oder Zustimmung verborgen hat. Es handelt sich jedoch im vorliegenden Falle um eine Ausnahme, um ein Lehrbuch im weitesten Sinne des Wortes, das dem Leser zeigen soll, *wo* und *wann* die Entwicklung der Dinge in Deutschland jene Bahnen verlassen hat, die allen Kulturländern gemeinsam sind. Die oft scharfe und bittere Kritik war so nie Selbstzweck. Ihre Aufgabe ist nur, dem deutschen Leser, für den ja die vorliegende Arbeit bestimmt ist, zu helfen, in der Erkenntnis der Fehler der Vergangenheit, die Deutschland, Europa und der ganzen Welt so viele Leiden gebracht haben, in Zukunft mehr Rücksicht auf jene Rechte zu nehmen, die „unveräußerlich und unzerbrechlich" sind „wie die Sterne selbst".

Manche der Parteien, die in dieser Schrift kritisiert wurden, sind wieder an der Arbeit in Deutschland. Man kann nur hoffen, daß sowohl die Parteien als auch die Individuen aus den Fehlern der Vergangenheit gelernt haben. Keinesfalls jedoch soll die Kritik der politischen Vergangenheit irgendwie die politische Gegenwart berühren; es wäre falsch, die Parteien mit Fehlern der Vergangenheit zu belasten, ohne ihnen vorher die Möglichkeit gegeben zu haben, sich in der Gegenwart zu bewähren.

Es ist durchaus nicht leicht gewesen, es gehörte großer Mut dazu, Pazifist in Deutschland zu sein, im Kaiserreich und nachher. Die Tatsache aber, daß es schwerer war zu einer Zeit, da Deutschland auf dem Papier eine der freiesten Verfassungen der Welt hatte, daß es zur Zeit der Weimarer Republik oft genug lebensgefährlich war, sich als Freund des Friedens zu bekennen, ist eine geradezu furchtbare Anklage gegen die deutsche Republik. Die Gleichschaltung von 1933 hat nichts gebracht, das nicht schon vorher wenigstens im Keim vorhanden gewesen wäre: Aufrüstung, Haß, Unduldsamkeit. Die Vorbereitung des Krieges begann nicht erst unter Hitler, sondern schon am 10. November 1918, und sie wurde zielbewußt fortgesetzt von Noske und Geßler bis Blomberg. Die armen Teufel, deren Leiber irgendwo zwischen Polarkreis und Sahara vermodern, sind ebensosehr die Opfer der Aufrüstung vor 1933 wie der späteren. Nur eine Abkehr von der Aufrüstung überhaupt, materiell wie geistig, wird eine Wiederholung unmöglich machen. Gerade deswegen sind einzelne deutsche Äußerungen, die der Verfasser in den letzten Jahren – seit 1945 – hören oder lesen konnte, besonders gefährlich. Es wurde darauf hingewiesen, daß der gesunde Soldatengeist oder der Geist Friedrichs des Großen oder der Heinrich v. Treitschkes nötig seien für den Wiederaufbau Deutschlands. Diese Ansichten sind gefährlich. Nur wenn endlich einmal endgültig Schluß gemacht wird mit allem Militarismus, Nationalismus, Berufung auf eine kriegerische Vergangenheit, kann jener Umschwung in der deutschen Seele kommen, der nötig ist, wenn die Deutschen, ein fleißiges, ausdauerndes, erfindungsreiches Volk, diese guten Eigenschaften nicht mehr dazu verwenden sollen, Handlanger der bösen Eigenschaften zu sein, sondern doch einmal Anschluß finden sollen an Europa und die übrige Welt, wenn nicht mehr die Faust, sondern der „Faust" das Symbol Deutschlands werden soll.

Alles das ist nicht müßige Moralpredigt. Die Geschichte der deutschen Friedensbewegung zeigt, mit wie vielen Hindernissen sie zu kämpfen hatte, im Hohenzollernstaat ebenso wie in der Republik. Es waren nicht so sehr die Hindernisse in der Seele des Volkes, die den Kampf des Pazifismus erschwerten, als die Feindschaft der regierenden Kreise, rechts wie links, die jeden, der sich zur Friedensbewegung bekannte, als Feigling, Idioten oder Landesverräter ansahen. Man rennt, hoffentlich, in Deutschland offene Türen ein, wenn man feststellt, daß das Reich nur dann eine Zukunft haben wird, wenn in ihm Demokratie, Friedensbereitschaft und die Einhaltung von Verträgen zur lebendigen Wirklichkeit werden. Dazu ist nicht unbedingt nötig, daß jeder Deutsche zum radikalen Pazifisten wird, wohl aber, daß jeder, dem es ernst um die Zukunft seines Vaterlandes ist – und das sollte jeder sein –, die Grundprinzipien der Friedensbewegung mit allem Eifer, dessen er fähig ist, durchdenkt und sich innerlich vom Militarismus befreit. Dazu ist ferner nötig, daß die regierenden Kreise erkennen, wie wichtig eine Massenbewegung pazifistischer Einstellung für die Existenz Deutschlands ist.

Unter diesen Voraussetzungen wird es dann leichter sein, die Geschichte der deutschen Friedensbewegung nach 1945 zu schreiben, als es war, die bis 1933 darzustellen.

Sach- und Personenregister

Von der Erwägung ausgehend, daß den Lesern dieser Schrift Nachschlagewerke nur in seltenen Fällen zur Verfügung stehen werden, wurde das Register soweit ausgestaltet, daß es zur Not ein Nachschlagewerk entbehrlich machen kann. Beim Sachregister wurden allen Schlagwörtern kurze Erklärungen beigefügt, beim Personenregister in den meisten Fällen eine kurze Lebensbeschreibung. Diese Erläuterungen sind hauptsächlich für solche Leser gedacht, die infolge der politischen Verhältnisse in Deutschland seit 1933 mit den Ausdrücken des politischen Lebens und des internationalen Rechtes noch nicht ganz vertraut, denen auch vielfach die politischen Führer der Vergangenheit nicht immer bekannt sind. Aber darüber hinaus hat ja der Leser oft das Interesse, über die eine oder andere Persönlichkeit oder Begebenheit nachzulesen.

Natürlich mußten diese Erläuterungen so kurz wie möglich gehalten werden, um nicht den Rahmen des Buches zu sprengen. Die verwendeten Abkürzungen verstehen sich meist von selbst. *D.* oder *d.* steht immer für Deutschland oder deutsch, *M.d.R* für Reichstagsmitglied, *s.d.* [siehe dort] ist der Hinweis auf ein anderes Schlagwort usw. Der Mangel an deutschen Nachschlagewerken und die bedauerliche Einseitigkeit der zwischen 1933 und 1945 erschienenen hat natürlich auch dem Verfasser seine Aufgabe sehr erschwert und die Auffindung von Daten in vielen Fällen unmöglich gemacht. Es mag daher sehr wohl vorkommen, daß für manche der im Sachregister genannten Personen das Geburtsjahr, aber nicht das Todesjahr verzeichnet ist, ein Mangel, den der Verfasser bedauert, der jedoch nicht zu vermeiden war.

R. B. [im Jahr 1947]

Abrüstung, Begrenzung der Rüstungen durch internationale Übereinkommen, ein Teil der Organisation des Friedens. Zuerst auf internationaler Grundlage versucht bei den Haager Friedenskonferenzen (s. d.), dann nach dem ersten Weltkrieg (Art. 8 der Völkerbundssatzung) durch zahlreiche Abrüstungskonferenzen.

Alldeutscher Verband, gegründet als Allgemeiner Deutscher Verband 1890. 1894 in ‚ADV' umbenannt. Feierliche Verkündung des Programms Berlin 1891 unter Teilnahme von 32 MdR. und anderen Männern des öffentlichen Lebens (Häckel, Lenbach, Ratzel u. a.) und der Industrie (Kirdorff, Präsident des rheinisch-westfälischen Kohlensyndikats). ADV. übte unter seinen Vorsitzenden Justizrat Class und Professor Hasse großen Einfluß auf die deutsche Politik aus; im Sinne einer Beherrschung der ganzen Welt durch D. Überheblichkeit, Verherrlichung des Krieges, Rassendünkel stempeln den ADV. zum Wegbereiter der NSDAP.

Anarchismus fordert die Aufhebung alles staatlichen Zwanges. Die von einzelnen Anhängern des A. oft angewandte Gewalt (Attentate) ist kein integraler Bestandteil des A., der an die dem Menschen angeborene Güte glaubt.

Angriffskrieg, jeder Krieg, der nicht zur Verteidigung des Landes oder über Auftrag einer internationalen, überstaatlichen Organisation (Völkerbund, Vereinte Nationen) geführt wird, sondern zum Zwecke des Gebietsraubes, oder Unterwerfung eines anderen Landes.

Aufrüstung ist das Bestreben, durch Bewaffnung eines Landes, wie Bau einer Luftflotte, Seeflotte, technischen Armeematerials, zusammen mit der Ausbildung der entsprechenden Mannschaften, militärische Überlegenheit zu erreichen.

Ausnahmezustand, staatlicher Notstand infolge besonderer Ereignisse (Krieg, Aufruhr, Seuchen, Elementarkatastrophen), in dem die Verfassung zeitweise außer Kraft gesetzt ist. A. wird oft mißbraucht, um vorübergehende oder dauernde Diktatur zu ermöglichen.

Bund entschiedener Schulreformer, gegr. 1919, versuchte Zusammenschluß aller, die Erneuerung des Erziehungswesens im Geiste sozialer Lebensauffassung und neuer Formen kultureller Entwicklung erstrebten.

Bürgerblock, der Zusammenschluß nichtsozialistischer Reichstagsparteien zur Bildung der Reichsregierung. Bürgerblock-Regierungen im Amt von November 1923 bis Mai 1928, teilweise mit Unterstützung der SPD (besonders auf dem Gebiet der Außenpolitik). Auch Regierung Brüning war eine B.-Regierung.

Bund Neues Vaterland (siehe Liga für. Menschenrechte) wurde während des ersten Weltkrieges von Tepper-Laski und Otto Lehmann-Russbüldt als pazifistische Vereinigung gegründet und konnte, dank seines Namens, sich einige Zeit behaupten, bevor er verboten wurde. Nach 1918 wieder ins Leben gerufen, änderte er bald seinen Namen in Deutsche Liga für Menschenrechte.

Burgfrieden, Verzicht der Parteien auf Opposition und Kampf untereinander von Kriegsausbruch August 1914 bis ungefähr Mitte 1916. Wilhelm II. am 4. August 1914: „Ich kenne keine Parteien mehr." Einstimmige Bewilligung der Kriegskredite im Reichstag 4. August 1914.

Chauvinismus, übersteigertes Nationalgefühl, krankhafte Verehrung des eigenen Volkes und Verachtung der anderen. Entstand in der zweiten Hälfte des 19. Jahrhunderts. Bezeichnung C. abgeleitet aus dem Namen eines Veteranen der Armee Napoleons I., Nicolas Chauvin.

Dawesplan, Vertrag zur Regelung der d. Reparationen, vorgeschlagen von dem Amerikaner C. G. Dawes, abgeschlossen 1925. Der Dawesplan setzte an Stelle von Sanktionen Überwachung der d. Finanzgebarung. Auf Grund dieses Vertrages hatte D. zu zahlen: anfänglich 1 Milliarde RM., steigend bis zu 25 Milliarden RM. 1930. Zur Ermöglichung des Dawesplanes erhielt D. eine Anleihe von 800 Millionen RM. (Dawes-Anleihe).

Demokratie, Volksregierung. Gewöhnlich so verstanden, daß ein in allgemeinen, freien Wahlen gewähltes Parlament die höchste Gewalt im Staat besitzt. (Parlamentarische Demokratie.) Demokratie auf wirtschaftlichem Gebiet (Mitbestimmungsrecht der Arbeiter durch Werk- und Betriebsräte): Wirtschaftsdemokratie. Vorsorge der Gesellschaft für die weniger bemittelten Klassen: soziale Demokratie. Im allgemeinen setzt Demokratie voraus: Recht auf freie Meinungsäußerung; freie Presse; Schutz vor willkürlicher Verhaftung; Schutz aller wie immer gearteten Minderheiten; vom Staat unbeeinflußte, nur den Gesetzen folgende Rechtspflege.

Deutsche Demokratische Partei, nach 1918 als Sammelpartei des fortschrittlichen Bürgertums aus der ehem. Fortschrittspartei und Teilen der Nationalliberalen Partei entstanden. 75 Sitze in der Weimarer Nationalversammlung 1919. Durch Hugo Preuß wesentlich an der Weimarer Verfassung beteiligt. Wiederholt Regierungspartei. 1920 nur noch 45 Sitze, sank später, trotz verschiedener Versuche, neue Anhänger zu gewinnen (z. B. Zusammenschluß mit dem Jungdeutschen Orden als Staatspartei), zu einer unbedeutenden Stellung herunter.

Deutsche Friedensgesellschaft, erster Verband deutscher Kriegsgegner, gegründet 1892 von Bertha von Suttner und Alfred Hermann Fried. Blieb ohne größeren Einfluß bis zur Auflösung durch die Regierung während des Krieges. Neugegründet 1918, nunmehr unter Teilnahme von Sozialdemokraten, die sich vor 1914 fernhielten, Mitgliederhöchststand. 30.000 (1925). Nach 1929 langsamer Rückgang: 1933 behördlich aufgelöst. Nach 1945 neugegründet und eifrigst in den Westzonen tätig.

Deutsche Liga für Völkerbund, gegründet im Dezember 1918 auf Anregung Erzbergers (s. d.). Trat für Verbreitung des Völkerbundgedankens in D. ein.

Deutscher pazifistischer Studentenbund, Vereinigung d. Studenten (mit einer Ortsgruppe in Österreich) zur Verbreitung der pazifistischen Idee unter der akademischen Jugend.

Deutsches Friedenskartell, Dachorganisation der d. Friedensvereine. Bei Gründung 14 Mitgliedsvereine.

Deutschnationale Volkspartei, 1918 als Partei des rechtsstehenden Bürgertums (Konservative, D.-Völkische, Christlichsoziale) gebildet. 42 Sitze 1919, stieg 1924 auf über 100 Sitze, verlor aber später wieder durch NSDAP. Stimmte gegen Weimarer Verfassung und Versailles und bildete die schärfste Oppositionsgruppe, bis sie, trotz prinzipieller Ablehnung der Republik, 1925 als Regierungspartei ins Kabinett Luther eintrat. Nach 1928 wieder Opposition, besonders stark zur Zeit der Kanzlerschaft Brünings.

„Die Waffen nieder", Roman von Bertha vor Suttner, zuerst erschienen 1890, oft aufgelegt und in die meisten Kultursprachen übersetzt. Der Roman schildert die Schrecknisse des Krieges in besonders eindringlicher Sprache.

Douaumont, Fort bei Verdun, 1916 unter furchtbaren Opfern von den D. gestürmt, später unter ebensolchen Opfern von den Franzosen zurückerobert.

Erfüllungspolitik (nach 1918) ist jene außenpolitische Richtung, die in der möglichst gewissenhaften Erfüllung der Bestimmungen des Versailler Vertrages die vernünftigste Politik für Deutschland sah. Schärfstens von der Rechten angefeindet, brachte die E. die besten und ruhigsten Jahre der Weimarer Republik. Nach 1933 schärfster Bruch mit E.

Faschismus (auch Fascismus), Bezeichnung einer in Italien von Benito Mussolini (s. d.) 1921 gegründeten politischen Bewegung, die bis 1943 Italien beherrschte. F. ist antiindividualistisch, sowohl wirtschaftlich als auch politisch, antidemokratisch, antiparlamentarisch (Ersatz durch sogenannte Ständekammern), antisozialistisch. F., wenn an der Macht, verbietet alle anderen politischen Parteien. Außer in Italien war der F. auch noch in anderen Staaten die Grundlage der Regierung, so in D., Österreich, Ungarn usw. Noch immer die Regierungsform in Spanien.

Flottenagitation, die unter Wilhelm II. um 1895 in D. einsetzende Agitation, daß D. eine starke Flotte benötige; besonders gefördert von dem 1898 gegründeten Flottenverein. F. wurde wachgehalten und angefeuert durch ständige Reden des Kaisers („Der Dreizack gehört in unsere Hand", „D.s Zukunft liegt auf dem Wasser" u.v.a.). F. hat wesentlich dazu beigetragen, daß das Verhältnis zwischen Großbritannien und D. oft recht gespannt war.

Frauenliga für Frieden und Freiheit, internationale (IFFF.), gegründet 1915 Im Haag als Frauenausschuß für den dauernden Frieden. Kämpft für Frieden, internationale Verständigung und die Freiheit der Frau.

Freikorps (Freischaren), Organisationen von Freiwilligen, bes. ehemaligen Soldaten, 1919 von Volkskommissar (später Reichswehrminister) Noske in den

Dienst der Republik gestellt, um alle Umsturzversuche von links zu verhindern und niederzuwerfen. F. kämpften immer in der grausamsten Weise und begingen Hunderte politischer Morde.

Friedensaktion des Papstes, am 1. August 1917 durch eine Kollektivnote an die kriegführenden Mächte versuchte Aktion des Papstes Benedikt XV., den Weltkrieg zu beendigen, und zwar im wesentlichen auf Grundlage der Grenzen von 1914. Die Aktion wurde durch D. vereitelt.

Friedensbewegung, internationale Bewegung, den Krieg zu überwinden. Entstand (in moderner Form) um 1850, führte zu den Haager Friedenskonferenzen, zum Ausbau des Völkerrechts, konnte aber Ausbruch des ersten Weltkrieges nicht verhindern. 1919 im Völkerbund groß angelegter Versuch, F. auf internationale Grundlage zu stellen, die infolge des Fehlens der entsprechenden Gesinnung scheiterte. Erneuter Versuch (1944) „Vereinte Nationen".

Friedensbund der Kriegsteilnehmer, Bund der pazifistisch eingestellten ehemaligen Heeresangehörigen nach dem ersten Weltkrieg.

Friedensbund deutscher Katholiken, pazifistischer Verein d. Katholiken. Katholische Friedensbewegung durch die päpstlichen Rundschreiben *Pacem Dei sumus* (28. Mai 1920) und *Ubi arcano* (Weihnachten 1922) stark gefördert.

Friedenskonferenz. I. Im Haag, 1899, von fast allen Kulturstaaten beschickt. Resultate: Haager Landkriegsordnung (zur Humanisierung des Krieges) und Empfehlung zur schiedsgerichtlichen Beilegung internationaler Konflikte. II: Im Haag, 1907. Ergebnislos. (Die internationale Spannung, insbesondere durch die d. Rüstungen, vereitelte jede Verständigung.)

Friedensnobelpreis, Teil der durch Alfred Nobel, den Erfinder des Dynamits, 1895 errichteten internationalen Stiftung, die u. a. auch einen jährlichen Preis für besondere Verdienste auf dem Gebiet der Friedensbewegung verteilt.

Friedensresolution 1917, Resolution der Reichstagsmehrheit (SPD, Fortschrittspartei, Zentrum) vom 19. Juli 1917 auf Antrag Erzbergers (s. d.), um den d. Friedenswillen zu zeigen und die Reichsleitung auf der Grundlage eines Friedens ohne Annexionen und Kontributionen festzulegen. Wirkungslosigkeit der F. infolge der Erklärung des Reichskanzlers Michaelis, er nehme F. an, „wie ich sie auffasse".

Friedensvertrag von Brest-Litowsk, abgeschlossen zwischen den Zentralmächten und Rußland 3. März 1918. Rußland mußte auf Kurland, Livland, Estland, Litauen, Polen, Georgien, Finnland, Ukraine verzichten, das Gebiet von Kars und Batum an die Türkei abtreten und an D. 6 Milliarden Goldmark Kriegsentschädigung zahlen. F. annulliert im Vertrag von Versailles 1919.

Friedensvertrag von Bukarest, abgeschlossen zwischen den Mittelmächten und Rumänien 7. Mai 1918. Bedingungen: Gebietsabtretungen in den Karpathen, die Dobrudscha fällt an Bulgarien, dagegen erhält Rumänien Bessarabien. Die

Mittelmächte erhalten Verfügung über rumänisches Öl und Getreide, Land bleibt weiterhin besetzt.

Friedensvertrag von Versailles, zwischen den alliierten und assoziierten Mächten und D. abgeschlossen 28. Juni 1919, in Kraft getreten 10. Januar 1920. Beendete den ersten Weltkrieg. F. zerfiel in zwei Teile, eigentlichen F. und Völkerbundsatzung, und sah vor: Gebietsabtretungen; Besetzung des Rheinlandes; Internationalisierung von Elbe, Oder, Rhein, Donau; Entwaffnung; Auslieferung von Kriegsverbrechern (insbesondere des Kaisers); Reparationen, in USA. nicht ratifiziert, in D. schärfstens bekämpft.

Genfer Protokoll, betrifft die friedliche Regelung internationaler Streitigkeiten, verbietet den Angriffskrieg (s. d.) und macht Schiedsgerichte obligatorisch. G.P. wurde wohl vom Völkerbund angenommen (1924), von den Regierungen jedoch nicht ratifiziert. Der Geist des G.P. hat wesentlich zum Locarnopakt (s. d.) beigetragen.

Haager Konferenz, siehe Friedenskonferenz.

Inflation, im allgemeinen bedeutende Erhöhung des Geldumlaufes eines Landes ohne entsprechende Erhöhung der Güterproduktion. Verursacht meist (nicht immer) durch Erhöhung der Staatsausgaben ohne entsprechende Steuererhöhung oder durch Verlust des Vertrauens in die eigene Währung und dadurch bedingte Flucht in die „Sachwerte".

Internationale Arbeiterassoziation (Erste Internationale), gegründet in London 1864 auf Grund des Kommunistischen Manifests, aufgelöst 1876 infolge wachsenden anarchistischen Einflusses. Zweite Internationale (Sozialistische Arbeiterinternationale) gegr. 1899. Dritte Internationale (kommunistisch) gegr. 1919, aufgelöst 1943, ersetzt durch Kommun. Informations-Büro, 1947. (S. auch Komintern.)

Interparlamentarische Union, internationaler Zusammenschluß von Parlamentsmitgliedern verschiedener Staaten zur Beratung von Angelegenheiten, die mehr als einen Staat betreffen. Gegr. 1889.

Junkerstaat, Staat, in dem die Junker, d. h. Grundbesitzer, den Ton angeben. Unter J. wird im allgemeinen Preußen bis 1918 verstanden, da hier die Junker, infolge des Dreiklassen-Wahlrechtes, die herrschende Klasse waren.

Kapp-Putsch, rechtsradikaler Umsturzversuch in D., März 1920, unter Führung von Wolfgang Kapp. Vereitelt und zum Scheitern gebracht durch den Generalstreik der d. Arbeiter und Angestellten. K. wurde verursacht durch die allgemeine Mißstimmumg der Rechten in den ersten Jahren der Republik und ausgelöst durch die Verringerung des Mannschaftsstandes der Freikorps und andere Truppenentlassungen, insbesondere der „Baltikumleute".

Kollektive Sicherheit, die im ersten Weltkrieg zutage getretene Erkenntnis, daß die Sicherheit eines Staates vor Angriffen abhängig ist von der Sicherheit aller Staaten. Daher Völkerbund (s. d.) und Genfer Protokoll (s. d.).

Komintern, Abkürzung für kommunistische Internationale, 1919 bis 1943. Zusammenschluß der internationalen kommunistischen Parteien, schon wegen zahlenmäßiger Überlegenheit vollständig unter russischem Einfluß. Ziel der K.: „mit allen Mitteln … für den Sturz der internationalen Bourgeoisie und für die Schaffung einer internationalen Sowjetrepublik zu kämpfen". K. 1947 ersetzt durch Kominform (intern. Informations-Büro kommun. Parteien).

Kommunistische Partei Deutschlands (KPD), gegründet Ende Dezember 1918 von Anhängern des Spartakusbundes, im Sinne der Komintern (s. d.) arbeitend. Trotz wachsender Stimmenzahl, besonders aus Erwerbslosenkreisen, ohne selbständige d. Politik. Taktik fast immer von der Moskauer Generallinie bestimmt.

Konservative Partei (in Preußen), gegründet 1848 zur Abwehr der Revolution und ihrer Lehren. Trat ein für starke Monarchie („und der König absolut, wenn er uns den Willen tut"). Unterstützte die Reichsgründung 1971 nur zögernd, bekämpfte Bismarcks Kulturkampfpolitik. 1876 wurde die d. K. gegründet. Programm: national, monarchistisch, schutzzöllnerisch, für eine beschränkte Sozialpolitik, antisemitisch, antisozialistisch, antidemokratisch. In der Republik durch die d. nationale Volkspartei ersetzt.

Kriegsdienstverweigerung, die extreme Form des Pazifismus, die den Krieg dadurch vermeiden will, daß ihre Anhänger den Dienst in einer bewaffneten Einheit verweigern. K. wurde besonders in Großbritannien zwischen den beiden Weltkriegen propagiert und in D. in der Zwickauer Aktion (s. d.). Ihre Anhänger wurden in England im zweiten Weltkrieg und z.T. auch im ersten vom Kriegsdienst mit der Waffe ausgenommen, wenn sie Gewissensgründe nachweisen konnten.

Kriegsschuldfrage, wurde ausgelöst durch Artikel 231 des Versailler Vertrages. Dieser Artikel wurde in D. von Anfang an als Eingeständnis der d. Alleinschuld aufgefaßt und schärfstens bekämpft.

Landesverrat, Verbrechen gegen den Staat, gilt als gemeines (nicht politisches) Verbrechen, begangen im allgemeinen durch 1. Preisgabe eines Geheimnisses an einen fremden Staat, 2. Unterhandlung mit einem fremden Staat zum Nachteil des eigenen. Anklage wegen L. wurde in D. als beliebtes Mittel zur Verhinderung der Aufdeckung ungesetzlicher Aufrüstung verwendet.

Langemarck, belgischer Ort bei Ypern, von Kriegsfreiwilligen im November 1914 unter schwersten Opfern gestürmt.

Liga für Menschenrechte, gegr. in Paris 1898 zur Verteidigung der Menschenwürde und für friedliche Zusammenarbeit der Völker, 1922 mit ähnlichen Organisationen in anderen Ländern zur internationalen L. zusammengeschlossen. Deutsche L. (ehemaliger Bund Neues Vaterland) trat unter Namensänderung dieser bei.

Linke, zusammenfassende Bezeichnung der fortschrittlichen Parteien eines Landes (ursprünglich nach der Sitzordnung im Parlament).

Locarno-Abkommen, Ergebnis der Konferenz von I. Oktober 1925. Die im Vertrag von Versailles festgelegten westlichen Grenzen D.s wurden durch D., Frankreich und Belgien (unter englischer Bürgschaft) garantiert. L. gebrochen durch Hitlers militärische Rheinlandbesetzung.

Marneschlacht, bezeichnet die Kämpfe zwischen D. und Frankreich vom 5. bis 12. September 1914 nahe Paris, in denen es den Franzosen gelang, die D. zurückzudrängen. Der Bewegungskrieg wurde dadurch aufgehalten und zum Stellungkrieg. Durchführung des Schlieffen-Plans wurde unmöglich. Der Ausgang der M. wurde in D. erst 1917 und z. T. nach 1918 bekannt.

Marokkokrise. Erste M. (1905) ausgelöst durch die Landung Wilhelms II. in Tanger, der in einer Rede die Souveränität des Sultans und die Gleichberechtigung aller Staaten hervorhob. Da Frankreich zu dieser Zeit die Erwerbung Marokkos als Kolonialgebiet anstrebte, kam es zu einer internationalen Krise, die durch eine Internationale Konferenz (Algeciras, 1906) beigelegt wurde. Zweite M. entstand 1911, als Frankreich die Hauptstadt Fez besetzte und D. das Kanonenboot „Panther" in den Hafen von Agadir entsandte (Panthersprung). Ebenfalls friedlich beigelegt. Beide M. bewirkten schwere internationale Erschütterungen.

Marxismus, Lehren von Karl Marx und Friedrich Engels (Wissenschaftlicher Sozialismus). Quellen: Kommunistisches Manifest, „Das Kapital" und andere Schriften der beiden Autoren. M. zerfällt in mehrere Hauptlehren: materialistische Geschichtsauffassung, Lehre vom Mehrwert, Konzentration des Kapitals usw. M. war lange Zeit die Grundlage der Politik der sozialistischen Parteien. Nach deren Spaltung wird auch der M. in verschiedenster Weise ausgelegt.

Mehrheitssozialisten, jener Teil der SPD (s. d.), der nach der USPD (s. d.) übrigblieb und im wesentlichen aus dem rechten Flügel bestand. Auch nach Wiedervereinigung noch manchmal so bezeichnet (1922, Parteitag von Nürnberg).

Milltarismus, **Militärvorherrschaft**, bezeichnet 1. Einflußnahme militärischer Kreise auf die allgemeine Politik; 2. Überschätzung der Bedeutung des Heeres in der allgemeinen Politik eines Landes; 3. Durchdringung des Denkens eines Volkes mit kriegerischem Geist.

Militärvorlage, ein dem Reichstag vorgelegter Gesetzentwurf, für militärische Zwecke Gelder zu bewilligen. M. enthielt darüber hinaus Angaben über Zahl der auszuhebenden Rekruten, Höhe des stehenden Heeres usw. War ursprünglich alle sieben Jahre vorzulegen (Septenat), aber dann in immer kürzeren Fristen notwendig.

Milizsystem, Volksbewaffnung ohne stehendes Heer, meist auf Grund der allgemeinen Wehrpflicht (Schweiz); diese aber nicht unbedingt erforderlich.

Mitteleuropa-Plan, Plan zur wirtschaftlichen und politischen Herrschaft D.s über das geographische Mitteleuropa; aufgestellt von Friedrich Naumann (s. d.) 1915.

Nationalliberale Partei entstand September 1866 aus einer Spaltung der Liberalen (Fortschrittspartei) im preußischen Abgeordnetenhaus. Die abgespaltene Gruppe, die die Unterstützung der Bismarckschen Politik über die liberalen Parteigrundsätze stellt, nannte sich N. P., wurde bedeutungsvoll im Kulturkampf, verlor aber später wieder ihren Einfluß. Nationalliberalismus symptomatisch für das zu leicht vom Erfolg geblendete d. Bürgertum.

Nationalsozialistische Deutsche Arbeiterpartei (in D., gegr. 1919. Hitler (s. d.) wurde ihr Vorsitzender 1921. NSDAP trat unter Ausnützung der Nachkriegsnot und Inflation gegen Republik und Erfüllungspolitik auf. Maßlose Hetze gegen Juden, Sozialisten, Fortschrittliche. 1923 versuchte Hitler erfolglos die Macht in Bayern zu ergreifen. N. bedeutungslos bis 1930, als Wirtschaftskrise ihr Wähler zuführte. Deflationspolitik Brünings (s. d.) verschärfte Arbeitslosigkeit und machte N. zur stärksten Partei D.s (1932: 230 Sitze). Regierungspartei 1933 bis 1945. Verantwortlich für Krieg und Nachkriegselend.

Nationalversammlung (Weimar). Erstes republikanisches Parlament, gewählt 19. Januar 1919. Zusammensetzung: USPD 22, SPD 163, Zentrum 71, Bayerische Volkspartei 18, Demokraten 75, Deutschnationale 42, Deutsche Volkspartei 22, Verschiedene 7. Hauptaufgaben: Verfassung und Friedensschluß. N. tagte in Weimar (Berlin wegen der Spartakisten unsicher), daher Weimarer Republik.

Nie-wieder-Krieg-Bewegung, nach dem ersten Weltkrieg einsetzende Bewegung mit dem Ziel, alle künftigen Kriege zu verhindern. N. wurde bedeutungsloser, als das Kriegserlebnis seelisch mehr in den Hintergrund trat.

Norddeutscher Bund, von Bismarck 1866 geschaffener Bundesstaat, der Preußen und 17 Kleinstaaten (andere traten später bei) umfaßte. Präsident war der jeweilige König von Preußen. Organe des N.: Bundeskanzler (vom Präsidenten ernannt), Bundesrat (Vertretung der Länder) und Reichstag (gewählt, ohne das volle Etatrecht).

Noten des Präsidenten Wilson, die von Präsident Wilson (USA) bzw. seinem Staatssekretär Lansing an die deutsche Reichsregierung (Prinz Max von Baden) (s. d.) im Herbst 1918 gerichteten Noten bezügl. Einstellung der Feindseligkeiten im ersten Weltkrieg. Diese Noten forderten u. a. Demokratisierung D.s und Anerkennung der Verpflichtung zur Schadensgutmachung (Reparationen).

Notverordnungen, Verordnungen mit Gesetzeskraft, auch zeitweise Änderungen der Verfassung, die nur in verfassungsmäßig festgelegten Fällen erlassen werden dürfen. Nach Art. 48 der Weimarer Reichsverfassung mußten auf Verlangen des Reichstages alle N. aufgehoben werden. Mißbrauch von N. diskreditierte Demokratie.

Parlamentarismus oder parlamentarisches Regierungs-(Kabinett-)System ist eine Regierungsform, bei der die Mitglieder der Regierung (auch Kabinett genannt) das Vertrauen des Parlaments (Volksvertretung) als Voraussetzung für ihre Ämter besitzen müssen. Die Frage der Staatsform (Monarchie oder Republik) ist hierbei ohne Belang. In D. gab es P. nur nach dem 28. Oktober 1918 bis zum Hitlerschen Ermächtigungsgesetz 24. März 1933.

Pazifismus (Friedensbewegung im allgemeinen), alle Bestrebungen, internationale Konflikte unter Ausschaltung von Gewaltmaßnahmen durch gegenseitige Verständigung und Schiedsgerichte zu beseitigen.

Reichsbanner, republikanischer Verband, gegr. 1924, hatte 1932 3,5 Mill. Mitglieder. Organisation der republikanischen Kräfte in D. zur Verteidigung der Republik. Im Januar 1932 schloß sich das R. mit den freien Gewerkschaften und anderen Verbänden zur „Eisernen Front" zusammen.

Reichsverfassung 1871 (Bismarck-Verfassung). Verfassung des Nordd. Bundes (s. d.), aber einschließlich Bayern, Württemberg, Baden und Reichslande (Elsaß-Lothringen). Trotz des nach dem allgemeinen Wahlrechte gewählten Reichstags keine parlamentarische (demokratische) Verfassung, da Ministerverantwortlichkeit und das volle Recht, den Staatshaushalt zu beraten, nicht gegeben waren.

Reichsverfassung vom 11.8.1919 (Weimarer Verfassung) ist eine bundesstaatliche (d. h. die Macht ist zwischen Reich und Ländern geteilt, aber Reichsrecht bricht Landesrecht) und demokratische Verfassung. Dieser demokratische Charakter wird allerdings beeinträchtigt durch Art. 48, der dem Reichspräsidenten ein weitgehendes Notverordnungsrecht einräumt, das unter Brüning und seinen Nachfolgern zur Diktatur des Präsidenten führte. R. ist noch heute in Kraft, sofern sie nicht im einzelnen durch Verfügungen der verschiedenen Militärregierungen aufgehoben wurde.

Reichswehr, die Wehrmacht D.s zur Zeit der Republik. Eingeführt am 6.3.1919, auf den nach dem Vertrag von Versailles zulässigen Höchststand (100.000 Mann) reduziert 1921. Dieser Höchststand wurde immer wieder überschritten. R. war in ihrer ganzen Zusammensetzung so aufgebaut, daß sie jederzeit als Kader für ein wesentlich größeres Heer dienen konnte und dann auch gedient hat.

Reparationen, Bezeichnung für die nach dem ersten Weltkrieg von D. und seinen Verbündeten zu zahlende Kriegsentschädigung (Versailler Vertrag Art. 231 bis 244). Höhe im Friedensvertrag nicht bestimmt, sondern erstmalig von der Reparationskommission 1921 mit 132 Milliarden Goldmark festgelegt. Im Dawesplan (1924) auf 50 Milliarden GM und im Youngplan (1929) auf 36 Milliarden GM ermäßigt. Im Lausanner Abkommen (1932) Restsumme mit 3 Milliarden festgelegt. Insgesamt zahlte D. 10 Milliarden RM und erhielt ungefähr das Doppelte als Auslandskredite.

Revisionismus, Bewegung innerhalb der d. Sozialdemokratie ausgelöst durch Eduard Bernsteins Buch „Die Voraussetzungen des Sozialismus". R. zweifelt an der absoluten Gültigkeit der Marxschen Gesetze von der Entwicklung der menschlichen Gesellschaft. R. schaffte sich einen geistigen Mittelpunkt in den „Sozialistischen Monatsheften". Während des Krieges waren die meisten Anhänger des R. entschieden gegen den Krieg.

Rheinlandräumung, Räumung des auf Grund des Vertrages von Versailles 1919 (Art. 428 bis 430) besetzten Rheinlandes 1926 und 1930.

Ruhrbesetzung 11. Januar 1923 durch französische und belgische Truppen, da D. nach einem Mehrheitsbeschluß der Reparationskommission vom 9. Januar 1923 seine Zahlungsverpflichtungen verletzt hatte. R. sollte ein Faustpfand schaffen. D. versuchte gegen die R. eine passive Widerstandsbewegung, die jedoch erfolglos blieb. Diese Widerstandsbewegung wurde am 26.9.1923 aufgegeben. Nach Abschluß des Dawesabkommens wurde das Ruhrgebiet im August 1925 geräumt.

Schuldparagraph des Versailler Friedensvertrages. Artikel 231 des Versailler Friedensvertrages. Als 1. Artikel des Kapitels über Reparationen im Versailler Vertrag hat er vor allem die juristische Begründung der Reparationen zu geben und ist keineswegs von der ihm in D. zugemessenen Bedeutung.

Schwarze Reichswehr, illegale, jedoch mit Wissen einzelner Reichs- und Landesbehörden aufgestellte bewaffnete militärähnliche Organisation 1921 bis 1923. Zweck: Vergrößerung des Heeresstandes, Ausübung von Terror (Oberschlesien. Ruhr). S. war die Brutstätte von Erpressungen, Morden (Fememorde), Homosexualität.

Selbstbestimmungsrecht der Völker, das Recht einzelner Völker oder Volksteile, über ihre staatliche Zugehörigkeit durch Mehrheitsbeschluß zu entscheiden. Eines der Kriegsziele nach den 14 Punkten des Präsidenten Wilson.

Sozialdemokratische Partei (in D.), entstand aus der Vereinigung des Allgemeinen D. Arbeitervereins und der von Bebel und Liebknecht 1869 gegründeten S. auf dem Parteitag in Gotha 1875. Wiewohl die parlamentarische Stärke der Partei wuchs (1912 stärkste Partei D.s mit 110 Abgeordneten im Reichstag), war sie doch innerlich durch den Richtungsstreit (Revisionismus, s. d.) gespalten. S. trat im Krieg für Landesverteidigung ein.

Sozialistengesetz (Gesetz wider die gemeingefährlichen Bestrebungen der Sozialdemokratie), das auf Bismarcks Veranlassung gegen, die d. Sozialdemokratie gerichtete Ausnahmegesetz vom 21.10.1878. Es ermächtigte die Polizei zur Verhängung des kleinen Belagerungszustandes, Ausweisung sozialdemokratischer Agitatoren, Auflösung Sozialdemokratischer Vereine, Unterdrückung der sozialdemokratischen Presse und sozialdemokratischer Versammlungen. Wiederholt verlängert, bis 1880. Trotz Verfolgungen und dadurch hervorgerufener individueller Leiden konnte das S. die Entwicklung der SPD nicht aufhalten.

Spartakistische Bewegung, radikal-sozialistische Bewegung in D. Entstand auf Grund der von Karl Liebknecht (s. d.) 1916 veröffentlichten Spartacus-Briefe. S. gehörte ursprünglich zur USPD, trennte sich jedoch Dezember 1918 von dieser und nahm den Titel KPD. (s. d.) an.

Unabhängige Sozialdemokratische Partei Deutschlands (USPD), von der Sozialdemokratischen Partei D.s abgesplitterte pazifistisch-radikale Gruppe, die sich

1917 zur Partei konstituierte. 1918 im Rat der Volksbeauftragten (Haase, Dittmann, Barth), aus dem sie Weihnachten 1918 austrat. Bekämpfte die Wahl der Nationalversammlung wegen der zu kurzen Vorbereitungszeit. Schloß sich, nachdem ein großer Teil ihrer Anhänger zu den Kommunisten übergegangen war, wieder mit der SPD zusammen (1922).

Völkerbund, zur Sicherung des Weltfriedens dienende Vereinigung von Staaten, gegründet 1919, aufgelöst und durch die Vereinten Nationen ersetzt 1945. V. sollte Kriege durch Schiedsgerichtsbarkeit und Rüstungsbeschränkungen unmöglich machen. Organe des V.: 1. der Rat, d. h. die Großmächte (ständige Mitglieder) und neun nichtständige Mitglieder; 2. die Versammlung der Mitglieder (Beschlüsse erforderten in der Regel Einstimmigkeit); 3. das Sekretariat.

Weimarer Republik, d. Republik 1918 bis 1933, auf Grund der von der d. Nationalversammlung in Weimar beschlossenen Verfassung so genannt. Obwohl Dauer der W. nur bis zur Amtsübernahme Adolf Hitlers als Reichskanzler gerechnet wird, blieb doch die Weimarer Verfassung theoretisch (de jure) auch weiterhin in Kraft.

Weltfriedensbewegung, siehe Pazifismus.

Weltfriedenskongreß, internationaler Kongreß der Friedensbewegungen. Der erste wurde 1869 in Rom abgehalten.

Zarenmanifest, Rundschreiben des Zaren an alle am russischen Hof akkreditierten Diplomaten vom 24. August 1898, in dem eine Konferenz vorgeschlagen wurde, um den „unaufhörlichen Rüstungen ein Ziel zu setzen". Die Folge war die erste Haager Friedenskonferenz (s. d.).

Zentralstelle Völkerrecht, 1917 gegründete Vereinigung von Friedensfreunden (besonders Prof. Quidde), so genannt, um die Aufmerksamkeit der Behörden abzulenken. Behördlich verboten nach sechs Wochen Bestand.

Zentrum, die Partei des d. politischen Katholizismus, so genannt nach ihrem Sitz auf den mittleren Plätzen des Sitzungssaales im Reichstag und ihren gemäßigten Ansichten. Gegründet 1870.

Zwickauer Aktion, im Bezirk Zwickau (Sachsen) durchgeführte Unterschriftensammlung (1927), um festzustellen, wie stark, der Anteil der Kriegsdienstverweigerer in der Bevölkerung sei.

Baden, Max, Prinz von, 1867-1929, Reichskanzler vom 3.10.1918 bis 9.11.1918 mit dem Auftrag, parlamentarische Regierungsform einzuführen und Waffenstillstandsverhandlungen einzuleiten. Proklamierte Abdankung Wilhelms II. ohne dessen Zustimmung und trat bei Ausbruch der Revolution zugunsten Eberts (s. d.) zurück.

Bebel, August, 1840-1913. Begründer (zusammen mit Wilhelm Liebknecht) der marxistischen sozialistischen deutschen Arbeiterpartei 1869. Führer der SPD im Reichstag. Gegner des Revisionismus (s. d.) und der Linken.

Bernstein, Eduard, 1850-1932. Sozialdemokratischer Führer. Begründete den Revisionismus (s. d.) durch sein Buch „Die Voraussetzungen des Sozialismus und die Aufgaben der Sozialdemokratie" (1899). Gegner der Kriegskredite und aufrechter Pazifist, schloß sich jedoch nicht der USPD an, sondern kämpfte innerhalb der SPD. [*Richtig*: 1917 Beitritt zur USPD, zwei Jahre später Ausschluss. pb]

Bethmann Hollweg, Theobald, 1856-1921. Reichskanzler 1909-1917. Trotz gemäßigter Anschauungen (Anhänger der Verständigung mit England und mit der SPD) war er zu schwach, den nationalistischen Kurs und das Hineingleiten Deutschlands in den Krieg sowie die Verletzung der belgischen Neutralität zu verhindern.

Bismarck, Otto v. Fürst, 1815-1898. Landtagsabgeordneter 1847, Preußischer Gesandter zum Bundestag Frankfurt a. Main 1851 bis 1859, Gesandter in St. Petersburg 1859, Gesandter in Paris 1862, Preußischer Ministerpräsident 1862, Kanzler des Norddeutschen Bundes 1867, Reichskanzler 1871 bis 1890. B. war Gegner des Parlamentarismus und verhinderte dessen Entwicklung in D. Er versuchte Ideen, die er für schädlich hielt, brutal zu unterdrücken (Sozialistengesetz, Kulturkampf). Nach außen war seine Politik rücksichtslos, aber nach 1871 friedlich. B.s Fähigkeiten waren groß, ebenso seine Fehler.

Braun, Otto, geb. 1874, preußischer Landtagsabgeordneter 1913, preußischer Landwirtschaftsminister 1918, preußischer Ministerpräsident 1920-1932 (mit kurzer Unterbrechung). Mitglied der SPD (auf dem rechten Flügel).

Bruck, Frl., Sekretärin des „Bundes Neues Vaterland" 1915/16.

Brüning, Heinrich, geb. 1885. 1924 M.d.R. (Zentrum), 1930 bis 1932 Reichskanzler. Auf dem rechten Flügel seiner Partei stehend, versuchte B. das Zentrum von der seit 1917 geübten Zusammenarbeit mit der Linken freizumachen. Als Kanzler regierte er mit Notverordnungen, die der durch das Anwachsen der NSDAP geschreckte Reichstag passieren ließ. Seine scharf deflationistische Politik war im Kampf gegen die Arbeitslosigkeit erfolglos, so daß die Opposition im Volk gegen ihn wuchs.

Bübler, v. Geheimrat, M.d.R. (Württembergische Volkspartei) in den Jahren 1873-1880.

Buisson, Ferdinand, 1841-1932, Präsident der französischen Liga für Menschenrechte. Vorkämpfer der Völkerbundsidee. Friedensnobelpreis 1927.

Bülow, Bernhard Heinrich, Fürst von. 1849-1929, d. Botschafter in Rom, 1897 Staatssekretär für Äußeres, 1900 bis 1909 Reichskanzler. B, ist der typische Vertreter der planlosen Außenpolitik des Reiches vor 1914, durch die D. hoffnungslos isoliert wurde, Innerpolitisch hat B. wesentlich zur Verschärfung der Gegensätze zwischen links und rechts beigetragen. Durch seine Ablehnung „des englischen Bündnisantrages, sein Auftreten gegen Frankreich (erste Marokkokrise 1905) und Rußland (Österreichs Annektion Bosniens 1908) hat B. wesentlich zur Schaffung der Lage beigetragen, die 1914 zum Kriege führte.

Caprivi, Leo, 1831-1899, d. Offizier, 1890-1894 Reichskanzler. Versuchte durch Einführung des „Neuen Kurses" eine friedliche Innen- und Außenpolitik für D. (Herabsetzung der Militärdienstzeit, Herabsetzung der Getreidezölle, besseres Verhältnis zu England und Frankreich). Erregte den Zorn der d. Rechtskreise (Gründung des Alldeutschen Verbandes) und verlor das Vertrauen des Kaisers.

Crispi, Francesco, 1819-1901, italienischer Staatsmann, Ministerpräsident 1887-1891 und 1893–1896.

Cuno, Wilhelm. geb. 1876, D. Wirtschafter. Generaldirektor der Hamburg-Amerika Linie 1918. Reichskanzler November 1922 bis August 1923. Während seiner Kanzlerschaft besetzte Frankreich das Ruhrgebiet. C. war verantwortlich für den ohne jedes positive Ergebnis bleibenden passiven Widerstand.

Ebert, Friedrich, 1871–1925. M.d.R. 1912. Volksbeauftragter 1918. Reichspräsident 1919. Auf der äußersten Rechten der SPD wurde nach Bebels (s.d.) Tod 1913 zum Parteivorstand gewählt. Versuchte als Reichspräsident durch absolute Objektivität die Republik auf eine breite Grundlage zu stellen, ohne jedoch die Rechtsparteien gewinnen zu können; verlor dabei vielfach das Vertrauen der Linken.

Egidy, Moritz von, 1847-1898. D. Offizier, verabschiedet 1898 wegen selbständigen Denkens. Überzeugter Pazifist.

Einstein, Albert, geb. 1879. Physiker. 1814-1833 Mitglied der preußischen Akademie der Wissenschaften und Direktor des Kaiser-Wilhelm-Instituts für Physik. Begründer der Relativitätstheorie (1905, weiter entwickelt 1916). Nobelpreis für Physik 1921. Pazifist. Deswegen und seiner jüdischen Abstammung wegen angefeindet, verließ er 1933 D.

Eisner, Kurt, 1867-1919 (ermordet). Sozialdemokratischer Journalist (Revisionist). Bayrischer Ministerpräsident 1918. Überzeugter Pazifist und Gegner eines zentralistischen d. Reiches; unbedingter Anhänger der Räte-Idee; nahm D.s Kriegsschuld als unbezweifelbar feststehend an.

Emminger, Erich, geb. 1880. D. Politiker und Jurist (Bayrische Volkspartei). M.d.R. 1913-1933. Reichsjustizminister November 1923 bis April 1924. Schaffte die Schwurgerichte ab und ersetzte sie durch „Große Schöffengerichte".

Endres, Franz Karl von, geb. 1878. D, später türkischer Offizier. Militärkritiker und Anhänger der Friedensbewegung. Schrieb u. a. auch das (anonym erschienene), überaus empfehlenswerte Buch „Die Tragödie Deutschlands" (1925), das neu aufgelegt wird.

Engels, Friedrich, 1820-1895. Zusammen mit Karl Marx (s. d.) Begründer des wissenschaftlichen Sozialismus (Marxismus, s. d.). Nach Marx' Tod wurde E. zur höchsten Autorität der sozialistischen Arbeiterbewegung. Sein eigenes Hauptwerk ist „Die Lage der arbeitenden Klassen in England", eine klassisch gewordene Darstellung der Arbeitsbedingungen im Frühkapitalismus.

Erzberger, Matthias, 1875-1921 (ermordet). Lehrer und Journalist, M.d.R. 1903 (Zentrum). Staatssekretär 1918; unterzeichnete den Waffenstillstand 11. November 1918. Finanzminister im Kabinett Scheidemann. Bekannt durch sein Eintreten für einen Verständigungsfrieden 1917, wodurch er zum erstenmal die Grundlagen für die Zusammenarbeit zwischen Zentrum, SPD und Demokraten schuf. Überzeugter Republikaner, von der Rechten wütend angefeindet.

Foerster, Friedrich Wilhelm, geb. 1869. Hervorragender Gelehrter, Pädagoge, der Erziehung auf der Grundlage der christlichen Weltanschauung fordert. F. verlangt, daß die christliche Sittenlehre die Grundlage der Politik bilde. Daher sein fanatisches Streben nach Wahrheit und Aufrichtigkeit im öffentlichen Leben. Begeisterter Pazifist, überzeugt von der d. Kriegsschuld, Gesandter in Bern der bayerischen Regierung Kurt Eisner (s. d.). Seine pazifistische Einstellung brachte ihm so viele Anfeindungen, daß er 1920 D. verließ. Er ist der Verfasser vieler ausgezeichneter moralischer Schriften für jung und alt.

Fried, Alfred Hermann, 1864-1921, österreichischer Schriftsteller und begeisterter Pazifist. Gründer der d. Friedensgesellschaft 1892. Herausgeber der „Friedens-Warte" 1899. Friedensnobelpreis 1911. F. war Anhänger und Begründer des sog. organisatorischen Pazifismus, der durch internationale Organisation (Ausbau des Völkerrechtes, obligatorische Schiedsgerichtsbarkeit) Kriege vermeiden wollte.

Futran, Alexander, d. Pazifist, Mitglied der d. Liga für Menschenrechte, ermordet 1919.

Gerlach, Helmut v., 1866-1935. Aus konservativer Familie, wurde durch eigene Erfahrung zum überzeugten Demokraten und Pazifisten. Herausgeber der „Welt am Montag", eines der wichtigsten Blätter der d. Friedensbewegung. Nach 1918 führendes Mitglied der d. Liga für Menschenrechte und der d. Friedensgesellschaft.

Geßler, Otto, geb. 1875, d. Politiker (Demokrat), 1919 Reichsminister für Wiederaufbau, 1920-1927 Reichswehrminister (trat 1927 aus der demokratischen Partei aus). G. war als Reichswehrminister das willenlose Werkzeug der Obersten Heeresleitung, die er im Reichstag stets zu verteidigen bereit war. Er verstand es, die Reichswehr vor jeder ernsten parlamentarischen Kontrolle zu bewahren.

Götz, Walter, geb. 1867, d. Historiker.

Goldscheid, Rudolf, geb. 1870. Österreichischer Soziologe und Pazifist, zeitweilig Schriftleiter der „Friedens-Warte". Gründete 1909 die d. soziologische Gesellschaft.

Gothein, Georg, geb. 1857, d. Politiker (Demokrat). 1893 bis 1903 preußischer Landtagsabgeordneter, 1901-1924 M.d.R., 1919 Reichsschatzminister.

Groener, Wilhelm, 1867-1938. D. General und Politiker. Nachfolger Luderdorffs (s. d.), Generalquartiermeister 1918. Schloß Pakt mit Ebert (s. d.) zur Bekämpfung der Revolution (1918). Stellte sich der Republik zur Verfügung. Verkehrsminister 1920, Reichswehrminister 1928 und 1931, Innenminister 1931. Gestürzt 1932, als er die Auflösung der uniformierten Verbände der NSDAP durchsetzen wollte.

Gumbel, Emil Julius, geb. 1891. D. Mathematiker und Pazifist. Seine scharfe antimilitaristische Einstellung machte seiner Lehrtätigkeit an der Universität Heidelberg ein Ende. Seine Bücher, wie „Vier Jahre politischer Mord", verdienten eine Neuauflage als Warnung des d. Volkes.

Haase, Hugo, 1863-1919 (ermordet). D. Politiker, M.d.R. 1897-1907, 1912-1919. Vorsitzender der sozialdemokratischen Reichstagsfraktion 1912-1916, Mitglied des Rates der Volksbeauftragten (Reichsregierung der Revolutionszeit) 1818. Gründer der USDP. Aufrichtiger Pazifist.

Haldane, Lord Richard Burton, 1856-1928. Englischer Politiker (liberal), Kriegsminister 1905-1912, Lordkanzler 1912-1915. Schöpfer des englischen Expeditionsheeres. Seine Mission (1912), in der Flottenfrage zu einer Vereinbarung mit Deutschland zu kommen, scheiterte. Großes Interesse an Erziehungsfragen. Übersetzte Schopenhauer ins Englische.

Hasse, Ernst, 1846-1908. D. Politiker (nationalliberal), M.d.R. 1893-1903. Mitbegründer und Vorsitzender des Alldeutschen Verbandes. Wütender Nationalist.

Herriot, Edouard, geb. 1872. Französischer Politiker (Demokrat), Ministerpräsident 1824-1925 und 1932. Anhänger der Verständigung mit Deutschland, leitete die Räumung des Ruhrgebietes ein (1924).

Hertling, Georg Graf, 1843-1919. D. katholischer Politiker, bayerischer Ministerpräsident 1912-1917, Reichskanzler 1917/1918.

Hertz, Friedrich, geb. 1878, österreichischer Gelehrter, Professor für Soziologie, Halle 1931-1933. Pazifist.

Hiller, Kurt, geb. 1885. D. Schriftsteller und Pazifist, Gegner der Wehrpflicht und Begründer des radikalen Pazifismus. Steht der Demokratie zweifelnd gegenüber und ist Anhänger der „Aristokratie der Geistigen".

Hindenburg, Paul von, 1847-1934. Kommandant der 8. Armee 1914, Chef der Obersten Heeresleitung 1916, Reichspräsident 1925, wiedergewählt 1932. Als Feldherr stand H. fast immer unter dem Einfluß Ludendorffs (s. d.) und suchte von 1916 bis 1918 auch politischen Einfluß auszuüben (Verabschiedung Bethmann Hollwegs; uneingeschränkter U-Boot-Krieg: Ablehnung der päpstlichen Friedensvermittlung). Als Reichspräsident zuerst streng verfassungsmäßig, später zu alt, um allen Einflüssen zu widerstehen.

Hirschfeld, Magnus, 1868[-1935]. D. Arzt und Naturwissenschaftler. Sexualforscher. In der Emigration gestorben.

Hitler, Adolf, 1889-1945. Kam als Gelegenheitsarbeiter 1914 aus seiner österreichischen Heimat nach München. Trat 1914 freiwillig in die Armee ein. Nach Abrüstung 1919 Reichswehrspitzel in Arbeiterorganisationen. Wurde Führer einer politischen Gruppe, die einen nationalen Sozialismus propagierte. Mißlungener Putsch 1923. Mit seiner Bewegung infolge der politischen und wirtschaftlichen. Verhältnisse in D. emporgetragen, wurde er 1933 Reichskanzler, 1934 Diktator („Führer") auf Lebenszeit. Endete nach Verlust des von ihm angezettelten zweiten Weltkrieges durch Selbstmord.

Hoffmann, Max, 1869-1927. D. General, Mitarbeiter Ludendorffs (s. d.). Vertreter der Obersten Heeresleitung bei den Friedensverhandlungen in Brest-Litowsk (1918).

Jacob, Berthold, d. Journalist und Pazifist, flüchtete 1933 in die Schweiz, wurde von der SA. nach D. entführt, auf Grund eines Schweizer Protestes aber wieder freigelassen. J. ging nach Frankreich, gelangte nach dem deutschen Einmarsch nach Lissabon; von Gestapo-Agenten im Flugzeug nach Berlin gebracht, wo er kurz vor dem Ende des Krieges im Polizeigefängnis in der Prinz-Albrecht-Straße starb.

Jannasch, Fräulein, Sekretärin des „Bundes Neues Vaterland", 1915-1916.

Jaurès, Jean, 1859-1914 (ermordet). Führer der französischen Sozialisten. Gegner des Krieges und des Chauvinismus, Anhänger der Verständigung mit D.

Kaas, Ludwig, geb. 1881. D. Politiker (Zentrum) und katholischer Priester (päpstlicher Hausprälat), M.d.R. 1919-1933. 1928 Vorsitzender der Zentrumsfraktion, auf deren rechten Flügel K. stand, März 1933 stimmte unter seiner Führung das Zentrum für Hitlers Ermächtigungsgesetz, wodurch die Diktatur legalisiert wurde.

Kant, Immanuel, 1724-1804, größter d. Philosoph.

Kraus, Karl, 1874-1937. Österreichischer Satiriker und Lyriker. Herausgeber der Zeitschrift „Die Fackel" (1899-1934).

Kreiser, Walter, d. pazifistischer Journalist und Techniker. Veröffentlichte in der „Weltbühne" den Artikel, der später zu seiner und Ossietzkys Verurteilung durch das Reichsgericht führte.

Küster, Friedrich, d. Pazifist, Herausgeber der Zeitschrift „Das andere Deutschland". Fünf Jahre im KZ. Gibt dieselbe Zeitschrift wieder heraus.

Lammasch, Heinrich; 1853-1920. Völkerrechtslehrer. Öst. Ministerpräsident 1918. Vertrat schon sehr früh die Völkerbundsidee. Anhänger der obligatorischen Schiedsgerichtsbarkeit. Setzte sich für die freiwillige Abtretung von Elsaß-Lothringen und den deutsch-französischen Ausgleich ein.

Lange, Friedrich Albert, 1828-1875. D. Philosoph und Politiker. Verfasser von „Die Arbeiterfrage" (1865) und „Geschichte des Materialismus" (1866).

Lasker, Eduard, 1829-1884. D. Politiker (liberal), 1865 bis 1879 Mitglied des preußischen Landtages, 1867-1883 M.d.R. Stimmte 3. September 1886 für Bismarcks Indemnitätsgesetz. Mitgründer der Nationalliberalen Partei. Bekämpfte Sozialistengesetz 1878 (stimmte jedoch dafür) und Schutzzoll 1878. Trat wegen seiner stark liberalen Gesinnung 1880 aus der Nationalliberalen Partei aus. Bismarck haßte L. gründlich und verhinderte nach dessen Tod, daß eine Beileidskundgebung des amerikanischen Parlaments im Reichstag verlesen wurde.

Lehmann-Russbüldt, Otto, geb. 1873. D. Journalist, Mitbegründer des „Bundes Neues Vaterland" und Sekretär der Liga für Menschenrechte. Unentwegter Pazifist und Kämpfer gegen die deutsche Wiederaufrüstung, deren internationale Bedeutung er in zahlreichen Schriften schilderte, die z. T. in D. neu aufgelegt wurden.

Lenz, Kurt, Vorsitzender des „Deutschen pazifistischen Studentenbundes.

Lersch, Heinrich, 1889-1936, D. Schriftsteller (Arbeiterdichter), brachte vielfach in expressionistischer Form seine Brüderlichkeitsgefühle zum Ausdruck.

Leyden, Graf, d. Diplomat, Generalkonsul in Kairo, Gesandter in Tokio und Stockholm. Mitbegründer des „Bundes Neues Vaterland".

Lichnowsky, Karl Max, Fürst von, 1860-1928. D. Botschafter in London 1912–1914. Versuchte mit allen ihm zur Verfügung stehenden Mitteln den Krieg zu verhindern und trat für die englisch-d. Verständigung ein. Politisch Demokrat, half bei der Gründung des „Bundes Neues Vaterland". In D. nach 1914 sehr angefeindet. Seine vom *„Bund Neues Vaterland"* verbreitete Darstellung des Kriegsausbruches erregte im In- und Ausland großes Aufsehen.

Liebknecht, Karl, 1871-1919. Linkssozialistischer d. Politiker. M.d.R. 1912, stimmte als erster gegen die Kriegskredite (Dezember 1914). Unbedingter Gegner des Militarismus, L. war Mitbegründer der KPD. Ermordet von Freikorps-Angehörigen in den Januarkämpfen 1919.

Liebknecht, Wilhelm, 1826-1900. Mitbegründer der d. Sozialistischen Partei, M.d.R. 1867 bis zum Tod. Stand wesentlich weiter links als Bebel; gilt als der Vater des d. Sozialismus.

Liszt, Franz v., 1851-1919. Führender d. Soziologe und Jurist.

Löbe, Paul, geb. 1875. D. Sozialdemokrat, Reichstagspräsident 1920-1932, Anhänger und Förderer des Anschlusses Österreichs an D.

Ludendorff, Erich, 1865-1937. D. General. Chef des Generalstabes der 8. Armee 1914; Generalquartiermeister 1917. In dieser Eigenschaft hat L. immer wieder in die Reichspolitik eingegriffen. Versuchte Frühjahr 1918 vergebens, den Krieg durch große militärische Offensive zu entscheiden (Kaiserschlacht). Bald nach dem Durchbruch der Engländer am 8. August 1918 forderte L. die Einleitung von Waffenstillstandsverhandlungen. In der Republik beteiligte sich L. an reaktionären Unternehmungen (Kapp- und Hitlerputsch) und zeigte auch sonst mangelndes politisches Verständnis.

Luxemburg, Rosa, 1870-1919. Schriftstellerin. Politikerin auf dem linken Flügel der SPD. Antimilitaristisch schon vor 1914, schrieb sie 1916 im Gefängnis) die Junius-Broschüre, in der sie die kriegsbejahende Haltung der SPD auf das schärfste verdammte. 1914-1918 fast ununterbrochen im Gefängnis. Trat zusammen mit Karl Liebknecht (s. d.) der Spartakusgruppe bei (1918) und der KPD. (s. d.). Zwei Wochen später durch Freikorps-Angehörige ermordet.

MacDonald, James Ramsay, 1866-1937. Englischer Politiker (ursprünglich Labour Party), Abgeordneter seit 1906. Gegner des Krieges 1914. Ministerpräsident der ersten Arbeiterregierung 1924. Begünstigte Wiederherstellung der diplomatischen Beziehungen mit Rußland und Anbahnung besserer Beziehungen mit D. (Dawesplan, s. d.). Neuerlich Ministerpräsident 1929 (Londoner Seeabrüstungskonferenz 1930). Trennte sich 1931 von der Mehrheit seiner Partei und blieb Ministerpräsident einer nationalen Konzentrationsregierung. 1935 als solcher durch Baldwin ersetzt.

Marx, Karl, 1818-1883. D. Philosoph und Soziologe. Begründer des wissenschaftlichen Sozialismus (zusammen mit Friedrich Engels, s. d.). Lebte nach 1848 unter kümmerlichen Bedingungen in London als politischer Flüchtling. Hauptwerk „Das Kapital".

Marx, Wilhelm, 1863-1946. Jurist, Zentrumspolitiker. Landtagsabgeordneter 1899. M.d.R. 1910, Vorsitzender der Zentrumspartei 1920-1927. Reichskanzler (Bürgerblock) November 1923 bis Dezember 1924 und Mai 1926 bis Juni 1928. Kandidat für Reichspräsidentenwahl 1925. Erfüllungspolitiker (s. d.), doch verantwortlich für die Wiederaufrüstung.

Meissner, Otto, geb. 1880. D. Staatsbeamter., Staatssekretär des Reichspräsidenten 1923, diente unter Ebert, Hindenburg. Hitler. Mitglied der Kamarilla, die 1930 die Berufung Brünings als Reichskanzler durchsetzte.

Mertens, Carl, 1902-1932. D, pazifistischer Journalist und Schriftsteller.

Monts, Anton, Graf von, 1852-1930. D. Diplomat, Botschafter in Rom 1903-1909. Mitgründer des „Bundes Neues Vaterland".

Müller-Franken, Hermann, 1876-1931. D. Politiker (SPD) M.d.R. 1916, Außenminister 1919 (unterzeichnete Versailler Friedensvertrag), Reichskanzler 1920 (nur drei Monate) und wieder Mai 1928 bis März 1930 (letzte parlamentarische Regierung der Republik). Vorsitzender der SPD-Reichstagsfraktion seit 1920.

Mussolini, Benito, 1883-1945. Italienischer. Politiker. Begann als Sozialist, gründete 1919 die faschistische Partei. 1921 Abgeordneter, 1922 Ministerpräsident, 1925 Duce (Führer) des Faschismus und Diktator von Italien. 1935 engerer Zusammenschluß mit Hitler (Achse). 1943 vom König entlassen (unter dem Eindruck der englisch-amerikanischen Invasion), wurde M. zuerst verhaftet, dann von den D. befreit. Beim Zusammenbruch D.s gefangen, von italienischen Antifaschisten zum Tode verurteilt und erschossen.

Naumann, Friedrich, 1860–1919. D. Politiker (Demokrat) und evangelischer Theologe. Ursprünglich eigene Wege gehend (nationalsozialer Verein 1893), schloß sich N. 1903 der Freisinnigen Partei (linksliberal) an. Strebte innerhalb des Liberalismus für Durchdringung mit sozialem Geist. M.d.R. 1907. Stellte 1915 seinen Mitteleuropa-Plan auf, der eine wirtschaftliche Zusammenfassung von Mittel- (und Ost-)Europa unter d. Führung vorsah.

Nicolai, Georg, geb. 1874, ursprünglich d. Soziologe (Universität Berlin), durch Boykott zur Auswanderung gezwungen. Nunmehr Professor für Soziologie in Argentinien.

Noske, Gustav, 1868-1946. D. Politiker (SPD). M.d.R. 1906, Volksbeauftragter 1918, Reichswehrminister 1919-1920. Oberpräsident der Provinz Hannover 1920. Organisierte die Freikorps (Freischaren) zur Niederwerfung linksradikaler Umsturzversuche und stellte dadurch die Macht des Militarismus wieder her. Gänzlich unfähig, die Gefährlichkeit des Militarismus zu erkennen, hat N. mehr als jeder andere zu dessen Wiederaufleben nach 1918 beigetragen.

Ossietzky, Carl von, 1888-1938. D. pazifistischer Schriftsteller, Herausgeber der „Weltbühne". 1932 wegen „Verrates militärischer Geheimnisse" zu eineinhalb Jahren Gefängnis verurteilt. Nach einiger Zeit amnestiert, 1933 neuerlich verhaftet, trotz des ihm verliehenen Friedensnobelpreises (1935) im Konzentrationslager festgehalten, am 4. Mai 1938 in einem Hospital an den Folgen seiner Leiden gestorben.

Paasche, Hans, 1881-1920 (ermordet). D. Seeoffizier, 1918 Mitglied des Vollzugsrates der Arbeiter- und Soldatenräte, Pazifist.

Pacelli, Eugenio, geb. 1876. Katholischer Theologe. Päpstlicher Nuntius in München 1917. Berlin 1920. Kardinalstaatssekretär (d. i. päpstlicher Außenminister) 1930; Papst (Pius XII.) seit 1939.

Payer, Friedrich von, 1847-1931. D. Politiker (Demokrat). Wiederholt M.d.R. (Fortschrittspartei). Vizekanzler im Kabinett Hertling und Max von Baden 1917/18. Ein überzeugter Anhänger der parlamentarischen Regierungsform.

Quidde, Ludwig, 1858-1941. D. Historiker und Politiker (Demokrat). Wurde auf Grund seiner Schrift „Caligula, Studie über römischen Cäsarenwahnsinn" wegen Majestätsbeleidigung zu drei Monaten Gefängnis verurteilt. M.d.R. 1919/20. Vorsitzender der d. Friedensgesellschaft 1914 bis 1929, des d. Friedenskartells 1921-1929. Friedensnobelpreis 1927. Einer der verdienstvollsten Führer der d. Friedensbewegung.

Ragaz, Leonhard, geb.1868, Schweizer evangelischer Theologe. Pazifist und Sozialist.

Rathenau, Walter, 1867-1922. D. Industrieller und Politiker (Demokrat). 1915 Präsident der AEG-Union. Organisierte die d. Wirtschaft für den Krieg (1915), trat für die Zwangsverschickung belgischer Zivilarbeiter nach D. ein und für Ludendorffs Ernennung zum Oberbefehlshaber. Wiederaufbauminister 1921, befürwortete die Erfüllungspolitik, 1922 Außenminister. Schloß als solcher mit Rußland den Vertrag von Rapallo (gegenseitiger Verzicht auf alle Reparationsforderungen und Ende der diplomatischen Isolierung D.s). Ermordet von Rechtsradikalen,

Röhm, Ernst, 1887-1934. D. Offizier und Politiker (NSDAP). Organisierte die SA und wirkte als deren Stabsführer (1931). Am 30. Juni 1934 von Hitler selbst erschossen. Eine der wüstesten Erscheinungen der NSDAP.

Röttcher, Fritz, 1879-1946. D. Pazifist, Mitarbeiter der D. Friedensgesellschaft, Herausgeber der Zeitschrift „Die Menschheit".

Rundstedt, Karl Rudolf Gerd von, geb. 1875. D. Offizier. General der Infanterie, Kommandant von Berlin 1931, kommandierte Südarmee Polen 1939, Rußland 1941, kommandierender General der d. Besatzungsarmee in Frankreich 1942.

Ruyssen, Theodore, geb. 1868. Französischer Universitätsprofessor und Präsident der „Association de la Paix par le droit" (Friede durch Recht) seit 1897. Bedeutender französischer Friedensfreund.

Scheidemann, Philipp, 1865-1939, D. Politiker (SPD). M.d.R. 1903, Staatssekretär 1918, Volksbeauftragter 1918, Reichsministerpräsident 1919. Auf der Rechten der Partei stehend, trat S., der Stimmung der Massen folgend, schon 1915 für einen „Frieden ohne Annexionen und Kontributionen" ein. Schied aus der Regierung aus, da er sich weigerte, den Vertrag von Versailles zu unterschreiben.

Schleicher, Kurt von, 1882-1984. D. Offizier und Politiker. Reichswehrminister im Kabinett Papen (1932), Reichskanzler 1932: Versuchte als „sozialer General" mit Unterstützung der Gewerkschaften und des Strasserflügels der NSDAP, zu regieren. Gestürzt Januar 1933, da Hindenburg Enthüllungen über „Osthilfeskandal" befürchtete. Ermordet 30. Juni 1934.

Schönaich, Paul Freiherr von, geb. 1866. D. Offizier, Generalmajor 1920. Radikaler Pazifist. Präsident der d. Friedensgesellschaft 1929 und wieder seit 1946.

Schücking, Walter, 1875-1935. D. Jurist; Völkerrechtslehrer und Politiker, (Demokrat). M.d.R. 1919-1928. Professor in Marburg 1903, Berlin.1921, Kiel 1926. Richter am Weltgerichtshof im Haag 1932. Überzeugter Pazifist, der den Ausbau des Völkerrechtes verlangte.

Seeckt, Hans von, 1866-1936. D. Offizier und Politiker (d. Volkspartei), Chef der Heeresleitung 1920-1926, M.d.R. 1930 bis 1932. S. hat es 1918 geschickt verstanden, die d. Armee wieder aufzubauen und zu einem Kader einer wesentlich größeren Armee zu organisieren; er wurde so zum Schöpfer der neuen d. Wehrmacht. Scharfer Gegner der parlamentarischen Demokratie und des Pazifismus.

Seger, Gerhart, d. Pazifist, Sekretär der d. Friedensgesellschaft, M.d.R. (SPD) 1928. 1933 verhaftet, entkam aus KZ Oranienburg.

Severing, Carl, geb. 1875. D. Politiker (SPD), M.d.R. 1907 bis 1911 und 1918 bis 1933. Preußischer Minister des Innern 1920 bis 1926, Reichsminister des Innern. 1928-1930, Preußischer Minister des Innern 1930-1932. Gestürzt mit Gewalt unter Papen. Auf der Rechten der Partei, unbedingter Demokrat, zeigte er gegen rechts doch nicht immer die gleiche Entschiedenheit wie gegen links.

Siemsen, Anna, geb. 1882. D. Schriftstellerin (Erziehungsfragen), im Vorstand der d. Friedensgesellschaft.

Simon, Hugo Friedrich, geb. 1877. D. Diplomat, Auswärtiges Amt, Berlin 1922, d. Botschaft, London 1925-1926, Generalkonsul Chicago 1927-1933. Amerikanischer Korrespondent des „Berliner Tageblatts" 1934-1937.

Stampfer, Friedrich, geb. 1874. D. Journalist. Chefredakteur des „Vorwärts" (Zentralorgan der SPD) 1916-1933, M.d.R. 1920-1933.

Stöcker, Helene, 1869–1943. D. sozialpolitische Schriftstellerin. Gründete den Bund für Mutterschutz und Sozialreform (1905). Vorstandsmitglied der d. Friedensgesellschaft, gründete „Internationale der Kriegsdienstgegner" (1921). Verfasserin zahlreicher politischer und pazifistischer Schriften.

Strasser, Gregor, 1892-1934. D. Politiker (NSDAP.), seit 1932 eigene Wege gehend. Schloß sich der Partei 1921 an, nahm 1923 am Münchener Putsch teil. M.d.R. 1924-1932. Einer der bekanntesten Führer der Partei, geriet in Gegensatz zu Hitler (s. d.) 1932, als er Teilung der Macht befürwortete. Verhandelte mit Schleicher (s. d.), um in dessen Kabinett zu gehen. Am 30. Juni 1934 ermordet.

Strat[h]mann, Hermann [Dominikaner – Ordensname: Franziskus Maria], Pater, geb. 1882 [gest. 1973]. Katholischer Theologe, Vorstand des Friedensbundes d. Katholiken.

Stresemann, Gustav, 1878-1929. D. Politiker, (nationalliberal, d. Volkspartei) und Volkswirtschaftler. M.d.R. 1907 bis 1912 und 1914-1929. Reichskanzler 1923, Außenminister 1823 bis zum Tod. Während des Krieges Anhänger der Annexionspolitik, änderte seinen Standpunkt 1923 zur Erfüllungspolitik (Locarno-Pakt,

Eintritt D.s in den Völkerbund, Rheinlandräumung, Young-Plan), Friedensnobelpreis 1926.

Ströbel, Heinrich, 1888-1944. D. Politiker (USPD, dann SPD), nach 1931 SAP (Sozialistische Arbeiter-Partei), Pazifist, im Vorstand der d. Friedensgesellschaft, preußischer Ministerpräsident 1918.

Suttner, Bertha von, 1843-1914, Österreichische Schriftstellerin. Ihr Roman „Die Waffen nieder" (1889), in fast alle Kultursprachen übersetzt, gab der Friedensbewegung in allen Ländern stärksten Auftrieb, Gründerin der österreichischen Friedensgesellschaft. Vizepräsidentin des internationalen Friedensbüros, Bern. Friedensnobelpreis 1905.

Tepper-Laski, Kurt von, 1850-1930. D. Offizier und Herrenreiter. Mitbegründer des „Bundes Neues Vaterland".

Umfried, Otto, 1857-1920. D. protestantischer Theologe. Pfarrer in Stuttgart. Vizepräsident der d. Friedensgesellschaft 1912. Einer der aktivsten Vorkämpfer der Friedensidee in D. vor 1914.

Unruh, Fritz von, geb. 1885. D. Dramatiker. Bühnenwerke: „Offiziere" (1912), „Louis Ferdinand, Prinz von Preußen" (1913), „Ein Geschlecht" (1914), „Platz" (1920) u. a. Wurde unter dem Eindruck des ersten Weltkrieges Pazifist.

Virchow, Rudolf, 1821-1912. D. Arzt und Professor für Pathologie. In der Politik Gründer und Mitglied der Fortschrittspartei. Scharfer Gegner Bismarcks.

Wehberg, Hans, geb. 1885. Völkerrechtslehrer, Professor des Völkerrechtes, Genf. Herausgeber der „Friedens-Warte". Überzeugter Anhänger des organisatorischen Pazifismus und einer der bedeutendsten Kenner des Völkerrechts.

Wirth, Franz, 1826–1897. Einer der ältesten Pazifisten D.s. Gründendes Mitglied der d. Friedensgesellschaft. Unermüdlicher Werber für die Friedensidee.

Zorn, Philipp, 1850-928. D. Völkerrechtslehrer. Vertrat D. auf den Haager Friedenskonferenzen 1898 und 1907. Von der Reichsleitung an positiver Mitarbeit behindert.

ANHANG

Pazifistische Massendemonstration in Berlin am 10. Juli 1922
mit der überall gezeigten Botschaft: „Nie wieder Krieg!"

commons.wikimedia.org

Über das Werk und den Verfasser

Nach zwei Weltkriegen mit über 70 Millionen Toten wollte sich in Deutschland niemand an die einzigen Klarsichtigen erinnern – an Menschen, die man in der Vergangenheit als ‚Friedenshetzer' und ‚Lumpenpazifisten' unterdrückt, verfolgt oder gar ermordet hatte. Denkbar ungelegen kam im Jahr 1948 das hier neu edierte Buch *„Die deutsche Friedensbewegung 1870-1933"* des Historikers Richard Barkeley. Es zeigte nicht zuletzt, wie im Schatten des unkaputtbaren Militarismus die Friedensidee schon vor dem Hitler-Faschismus mit endlosen Repressionen zum Schweigen gebracht werden sollte: „Es gehörte großer Mut dazu, Pazifist in Deutschland zu sein, im Kaiserreich und nachher. … Die Vorbereitung des Krieges begann nicht erst unter Hitler, sondern schon am 10. November 1918, und sie wurde zielbewußt fortgesetzt von Noske und Geßler bis Blomberg. Die armen Teufel, deren Leiber irgendwo zwischen Polarkreis und Sahara vermodern, sind ebensosehr die Opfer der Aufrüstung vor 1933 wie der späteren."

Der besondere Focus auf den deutschen Antipazifismus bezieht sich auf eine dunkle Seite der Geschichte, die heute noch immer nicht in das breite ‚öffentliche Bewusstsein' gelangt, auch wenn sie von der historischen Friedensforschung längst eingehend untersucht worden ist. REINHOLD LÜTGEMEIER-DAVIN schreibt zusammenfassend über die Zeit nach dem Ersten Weltkrieg: „Während der gesamten Weimarer Zeit waren die Mitglieder der Friedensbewegung stärkerer Verfolgung ausgesetzt als im Kaiserreich. Weil sie mutig die sich mit Billigung und Begünstigung durch Regierung, Armee, Bürokratie, Justiz, Industrie und Großgrundbesitz vollziehende illegale und geheime Aufrüstung Deutschlands durch Presse-Enthüllungen und öffentliche Auftritte aufdeckten und anprangerten, wurde versucht, sie mit Hilfe der Landesverratsparagraphen mundtot zu machen. Es entstand eine groteske Situation, dass nicht diejenigen strafrechtlich belangt wurden, die internationale Verträge unterliefen, durch ihre Geheimrüstungen primär die innenpolitische Gefahr eines Bürgerkrieges heraufbeschworen und außenpolitisch den Grundstock legten für eine unter Hitler vollzogene offene Aufrüstung großen Stils, sondern diejenigen zur Rechenschaft gezogen wurden, die unter Hintanstellung persönlicher Sicherheit vor der Weltöffentlichkeit die illegalen Machenschaften aufdeckten. Vom Damoklesschwert der Anklage wegen Landesverrats waren sämtliche Flügel des organisierten Pazifismus betroffen, unbeschadet ihrer unterschiedlichen Einschätzung des Umfangs, des militärischen Werts und des Bedrohungsfaktors dieser Rüstungen. Freilich boten die radikalen Pazifisten, die darüber hinaus das Mittel der Kriegs- und Arbeitsdienstverweigerung sowie der Kriegssabotage propagierten, um künftige Krieg zu vermeiden, für die Nationalisten und die Scharfmacher in den Reichs- und Landesregierungen, stets geschart um das Reichswehrministerium, einen zusätzlichen Anknüpfungspunkt, um gegen sie vorzugehen."[1]

Namentlich die „Nationalsozialisten diffamierten die Friedensbewegung als verjudet, vaterlandslos, antipatriotisch, verbrecherisch, weil vor ‚Wehrverrat' nicht zurückschreckend, mit Demokratie und Republikanismus verschwistert, als hypermoralisierende Verteidigerin der Fesseln von Versailles. Deren ungebändigt-wüste Attacken erfolgten unabhängig von der faktisch machtpolitischen Bedeutungslosigkeit der Friedensbewegung."[2] Nach der Machtübergabe an die deutschen Faschisten gehörten die Pazifisten zu den Verfolgten der ersten Stunde: „Die Organisationen der Friedensbewegung wurden zerschlagen, ihre Mitglieder schikaniert, eingeschüchtert, terrorisiert, inhaftiert, misshandelt, gar ermordet, in die innere Emigration getrieben und deren berufliche Existenz genommen, viele ins ungewisse Exil gezwungen. […] Von den prominenten Pazifisten waren zeitweise in Gefängnissen oder in Konzentrationslagern: Carl von Ossietzky, Fritz Küster, Gerhart Seger, Kurt Hiller, Oskar Stillich, Siegfried Kawerau und Paul Freiherr von Schoenaich. – Ins Ausland gingen […] Anita Augspurg, Richard N. Coudenhove-Kalergi, Friedrich Dessauer, Tilla Durieux, Albert Einstein, Leonhard Frank, Arnold Freymuth, Hellmut von Gerlach, George Grosz, Emil Julius Gumbel, Walter Hasenclever, Wilhelm Hauser, Kurt Hiller, Hein Herbers, Lida Gustava Heymann, Magnus

---

[1] Reinhold LÜTGEMEIER-DAVIN: Köpfe der Friedensbewegung (1914-1933). Gesehen von dem Pressezeichner Emil Stump. (= Frieden und Krieg – Beiträge zur historischen Friedensforschung, Band 22). Essen 2016, S. 351.
[2] Ebenda, S. 379.

Hirschfeld, Paul Honigsheim, Harry Graf Kessler, Otto Lehmann-Rußbüldt, Theodor Lessing, Heinrich Mann, Lothar Persius, Ludwig Quidde, Erich Maria Remarque, Adam Scharrer, Rene Schickele, Hermann Schützinger, Anna und August Siemsen, Helene Stöcker, Heinrich Ströbel, Adrienne Thomas, Ernst Toller, Kurt Tucholsky, Armin T. Wegner, Hans Wehberg und Arnold Zweig."[3]

Im 1947 geschriebenen Vorwort zu seiner konzentrierten kleinen Darstellung der deutschen Friedensbewegung bekennt Richard Barkeley angesichts der traurigen historischen Befunde: „Es ist nicht leicht, die nötige Objektivität zu wahren, wenn eine Periode jüngster deutscher Geschichte zu beschreiben ist … Deutsche Einrichtungen und Parteien mussten freimütig angegriffen werden. Das geschah weder aus Lust an der Kritik, noch um sie herabzusetzen. Es ist unmöglich, deutsche Einrichtungen oder deutsche Parteien zu schonen, wenn man bei der Wahrheit bleiben will; aber alle in der vorliegenden Schrift enthaltene Kritik soll niemand daran hindern, Einrichtungen und Parteien nunmehr Gelegenheit zu geben, aus Erfahrung und Fehlern zu lernen und sich zu bewähren … Dieses Buch ist keine Propagandaschrift, weder für noch gegen den Pazifismus. Aber es ist eine Propagandaschrift gegen die Unterdrückung einer Idee. Was immer … gegen die Friedensbewegung spricht, kann nie das Recht geben, sie zu unterdrücken oder zu verleumden; beides jedoch ist geschehen." Die Geschichte – zumal die deutsche – lehrt uns freilich, dass zu allen Zeiten autoritäre Verhältnisse, Massengräber und unermessliche Leiden bevorstehen, wenn die Widersacher des Pazifismus ihre Kriegsertüchtigungsparole im öffentlichen Raum durchsetzen können und Hundertmilliarden-Etats zu den Totmach-Industrien umleiten.

Barkeleys Werk[4] wurde 1948 auf Papier von betrüblichster Nachkriegsqualität gedruckt und ist schon lange vergriffen. Als Digitalisat (Online-Ausgabe 2014) kann es allerdings seit einem Jahrzehnt kostenfrei auf dem Online-Portal der Deutschen Nationalbibliothek[5]

---

[3] Ebenda, S. 383-384.

[4] Der Text des kleinen Bandes *„Die deutsche Friedensbewegung 1870-1933"* wird in der vorliegenden Neuedition ohne Anmerkungen oder Korrekturen wiedergegeben. Auf Einschränkungen hinsichtlich der Quellen- und Literaturzugänge direkt nach dem zweiten Weltkrieg weist der Verfasser nachdrücklich hin.

[5] urn:nbn:de:101:1-2014031615569 [zuletzt aufgerufen am 22.04.2024].

abgerufen werden. Lebensdaten findet man dort im knappen Autoreneintrag – zur Bibliographie aller Buchtitel – nicht mitgeteilt; es wird jedoch das österreichische *Waidhofen an der Ybbs* als Geburtsort angegeben. Bei der „Verwertungsgesellschaft Wort" ist der Urheber des Werkes überhaupt nicht bekannt.[6]

Eine Internetrecherche ergibt, dass an einer australischen Hochschule (The University of Adelaide) ein Teil- oder Splitternachlass[7] vorliegt, der Manuskripte sowie zwei künstlerische Porträtdarstellungen *Barkeleys* (farbig) enthält und von Alison Durant als Schenkung übergeben worden ist. Nur ein vager Eintrag zur Person ist dem Verzeichnis hinzugesetzt: „Born in Austria, Richard Barkeley (real surname Baumgarten) was teaching history at the WEA in London during WW2. He was the author of ‚The Empress Frederick' (1956) and ‚The Road to Mayerling: Life and Death of Crown Prince Rudolph of Austria' (1958)."[8] Eine Rückfrage (September 2022) bei der Universitätsbibliothek in Adelaide ergab, dass weitere Informationen zur Person wirklich nicht vorliegen.

Weiterführend war hingegen ein Schreiben vom 24.09.2022 an das kommunale Archiv des Geburtsortes. Archivarin Mag. Gudrun Huemer (Waidhofen) übersandte mir hilfsbereit neben Angaben aus dem städtischen Häuserverzeichnis Auszüge aus zwei Arbeiten zur Regionalgeschichte. Unter Vorbehalt ergibt sich folgendes ‚Gesamtbild'[9]: Die Familie von *Richard Baumgarten* / nachmalig *Barkeley* (* 3. Juli 1902 [?]) lebte seit 1868 in Waidhofen an der Ybbs. Die Großeltern *Julius* Baumgarten (* 22.01.1845 in Trebitsch/Mähren, Glaubensbekenntnis: ‚israelitisch') und *Elise*, geb. Arnstein (* 17.04.1847 in Trebitsch) führten ein Geschäft am Oberen Stadtplatz Nr. 13 oder

---

[6] Mitteilungen aus der VG Wort (‚Verträge') an den Herausgeber der vorliegenden Edition vom 21.09.2022 und 15.03.2024.

[7] The University of Adelaide | Library, Special Collections: Richard Barkeley, Papers MSS 0256.

[8] https://www.adelaide.edu.au/library/special/mss/barkeley/ [Stand 2022/2024].

[9] Nachfolgende Namen und Personenangaben nach: Mag. Walter ZAMBAL: *Waidhofen 1938 bis 1945*. In: Internetportal der Stadt Waidhofen. https://waidhofen.at/ns-zeit#Download (ohne Jahresangabe; zuletzt abgerufen am 23.04.2024). – Darin Datei „Kapitel 4. Antisemitismus, S. 28-30: Die Schicksale der Waidhofener Familien jüdischer Abstammung. Familie Baumgarten" (dort als Opfer der Shoa aus der Familie aufgeführt: *Bertha* Baumgarten * 02.03.1881 und *Richard* Baumgarten * 12.12.1886 – nach: https://www.avotaynu.com/holocaustlist/ba2.htm).

15 (Hauskauf im Jahr 1881; Schneiderei, Gemischtwaren- und Konfektionshandlung). Die Nachfolge übernahm der älteste Sohn *Siegfried* Baumgarten (* 08.09.1871 in Waidhofen, Glaubensbekenntnis: ‚israelitisch') mit seiner Frau *Bertha*, geb. Kafka (* 02.03.1881, letzte Geschäftsinhaberin und Hauserbin im Jahr 1934 [Opfer der Shoa?]). Deren Sohn „Dr. *Richard Baumgarten* […], der in Wien Politikwissenschaft studiert hatte, war nach seiner Inhaftierung 1938 emigriert und hatte sich in Holland dem österreichischen Widerstand angeschlossen […,] ging später nach England, nahm den Namen Dr. Barkeley an und arbeitete als Journalist und Buchautor.[10] […] Der einzige jüdische Waidhofner, der 1945 in seine Heimat zurückkehren konnte, war Richard Barkeley's Cousin *Franz* Baumgarten. Seit dem 17.11.1946 führten die beiden eine ausgiebige Korrespondenz, die Franz Baumgarten selbst dokumentierte. Sie gibt Hinweise auf beinahe alle jüdischen Waidhofner Familien"[11].

Vielleicht ist Richard Barkeley später von England aus nach Australien ausgewandert (s. Mitteilung zu einem „Teilnachlass"). Falls jemand noch weiteres zu seiner Biographie oder möglichen Familienangehörigen mitteilen kann, wäre ich für entsprechende Hinweise außerordentlich dankbar.[12]

Düsseldorf, im März 2024   Peter Bürger

---

[10] [In dem vorliegend neu edierten Werk wird zur Berufstätigkeit auf dem Deckblatt angegeben: „Dozent an der London School of Economics and Political Science (University of London) und am Wilton Park Training Centre"; Anm. pb.]
[11] Dr. Johannes KAMMESTÄTTER: Heimat zum Mitnehmen. (= Unsere jüdischen Landsleute und ihr tragbares Vaterland, Band 2). Wieselburg: papercomm verlag 2012, S. 24-30 [zu Familie Baumgarten], hier S. 24-25.
[12] Kontaktmöglichkeit über: https://www.tolstoi-friedensbibliothek.de

Bibliographie: Auswahl zur Literatur
über die Geschichte der Friedensbewegung

1. Gesamtdarstellungen / Sammelbände

BARKELEY 1948 = Richard Barkeley [früherer Name: Richard Baumgarten]: Die deutsche Friedensbewegung 1870-1933. Hamburg: Bei Hammerich & Lesser 1948. [145 Seiten].

DONAT/RÖPKE 1989 = Helmut Donat / Andreas Röpke (Hg.): „Nieder die Waffen – die Hände gereicht!" Friedensbewegung in Bremen 1898-1958. Bremen: Donat Verlag 1989. [Großformat; 224 Seiten].

DONAT/HOLL 1983 = Helmut Donat/Karl Holl (Bearb.): Die Friedensbewegung: Organisierter Pazifismus in Deutschland, Österreich und der Schweiz. Hermes Handlexikon. Düsseldorf: Econ Taschenbuch Verlag 1983. [432 Seiten].

DONAT/LÜTGEMEIER-DAVIN 2024 = Helmut Donat / Reinhold Lütgemeier-Davin (Hg.): Geschichte und Frieden in Deutschland 1870-2020. Eine Würdigung des Werkes von Wolfram Wette. Bremen: Donat Verlag 2024. [879 Seiten].

DÜLFFER/HOLL 1986 = Jost Dülffer / Karl Holl (Hg.): Bereit zum Krieg. Kriegsmentalität im wilhelminischen Deutschland 1890-1914. Beiträge zur historischen Kriegsforschung. Göttingen: Vandenhoeck & Ruprecht 1986.

FABIAN/LENZ 1922 = Walter Fabian / Kurt Lenz: Die Friedensbewegung. Ein Handbuch der Weltfriedensströmungen der Gegenwart. Unter Mitarbeit von 64 hervorragenden in- und ausländischen Vertretern des Pazifismus. Berlin: Schwetschke & Sohn 1922. [336 Seiten] [Reprint mit neuem Vorwort in Köln: Bund-Verlag 1985].

FRIED 1905* = Alfred Hermann Fried: Handbuch der Friedensbewegung. Erste Auflage. Wien [und Leipzig]: Verlag der Österreichischen Friedensgesellschaft 1905. [Gesamtumfang VII und 464 Seiten] [archive.org] [Inhalt: Grundbegriffe der Friedensbewegung; Die realen Grundlagen; Organisation des Weltfriedens; Die Hager Konferenz; Geschichte der Friedensbewegung; Die Friedensbewegung und ihre Organe].

FRIED 1907* = Alfred Hermann Fried: Die moderne Friedensbewegung. Leipzig: Verlag Teubner 1907. [120 Seiten] [archive.org].

FRIED 1911 = Alfred Hermann Fried: Handbuch der Friedensbewegung. *Erster Teil.* Grundlagen, Inhalte und Ziele der Friedensbewegung. Zweite, gänzlich umgearbeitete und erweiterte Auflage. Berlin und Leipzig: Verlag der „Friedens-Warte" 1911. [Gesamtumfang 492 Seiten].

FRIED 1913* = Alfred Hermann Fried: Handbuch der Friedensbewegung. *Zweiter Teil.* Geschichte, Umfang und Organisation der Friedensbewegung. Zweite, gänzlich umgearbeitete und erweiterte Auflage. Berlin und Leipzig: Verlag der „Friedens-Warte" 1913, S. 1-262: „VI. Die Geschichte der Friedensbewegung". [Gesamtumfang des Bandes: 492 Seiten] [archive.org].

HOLL 1988 = Karl Holl: Pazifismus in Deutschland. Frankfurt am Main: edition suhrkamp 1988. [275 Seiten].

HOLL/WETTE 1981 = Karl Holl / Wolfram Wette (Hg.): Pazifismus in der Weimarer Republik. Beiträge zur historischen Friedensforschung. Paderborn: Ferdinand Schöningh 1981. [181 Seiten].

KNORR 1984 = Lorentz Knorr: Geschichte der Friedensbewegung in der Bundesrepublik. Köln: Pahl Rugenstein 1984. [230 Seiten].

KOBLER 1928 = Gewalt und Gewaltlosigkeit. Handbuch des aktiven Pazifismus. Im Auftrage der Internationale der Kriegsdienstgegner herausgegeben. Zürich und Leipzig: Rotapfel-Verlag 1928. [388 Seiten].

QUIDDE 1922* = Ludwig Quidde: Geschichte des Pazifismus. In: Walter Fabian / Kurt Lenz: Die Friedensbewegung. Ein Handbuch der Weltfriedensströmungen der Gegenwart. Berlin: Schwetschke & Sohn 1922, S. 6-35. [Online-Auszug: https://www.projekt-gutenberg.org/quidde/pazifis/pazifis.html].

QUIDDE 1979 = Ludwig Quidde: Der deutsche Pazifismus während des Weltkrieges 1914-1918. Aus dem Nachlaß Ludwigs Quiddes, herausgegeben von Karl Holl unter Mitwirkung von Helmut Donat. Boppard am Rhein: Boldt 1979. [416 Seiten].

RIESENBERGER 1985 = Dieter Riesenberger: Geschichte der Friedensbewegung in Deutschland. Von den Anfängen bis 1933. Göttingen: Vandenhoeck & Ruprecht 1985. [297 Seiten].

RIESENBERGER 2008 = Dieter Riesenberger: Den Krieg überwinden. Geschichtsschreibung im Dienste des Friedens und der Aufklärung. Bremen: Donat Verlag 2008. [443 Seiten].

WETTE 1991 = Wolfram Wette: Militarismus und Pazifismus. Auseinandersetzung mit den deutschen Kriegen. Mit einem Vorwort von Fritz Fischer. (= Schriftenreihe Geschichte und Frieden, Band 3). Bremen: Donat Verlag 1991. [268 Seiten].

WETTE 2017 = Wolfram Wette: Ernstfall Frieden. Lehren aus der deutschen Geschichte seit 1914. (= Schriftenreihe Geschichte & Frieden, Band 38). Bremen: Donat 2017. [640 Seiten].

2. STUDIEN & DARSTELLUNGEN
ZU EINZELNEN STRÖMUNGEN / GRUPPEN

BEYER = Wolfram Beyer: Pazifismus und Antimilitarismus. Eine Einführung in die Ideengeschichte. Stuttgart: Schmetterling Verlag 2012. [240 Seiten].

BOLL/OBOTH 2010 = Friedhelm Boll / Jens Oboth: ‚Wir waren vereint in der großen Familie der Weltkirche.' Die Entstehung der Pax Christi-Bewegung in Frankreich und Deutschland (1944-1955). In: Wolfram Wette / Detlef Bald (Hg.): Friedensinitiativen in der Frühzeit des Kalten Krieges 1945-1955. (= Frieden und Krieg. Beiträge zur Historischen Friedensforschung, Band 17). Essen: Klartext Verlag 2010, S. 107-132.

BREITENBORN 1981 = Konrad Breitenborn: der Friedensbund Deutscher Katholiken 1918/19-1951. Berlin: Union Verlag 1981. [176 Seiten].

BÜRGER 2020 = Peter Bürger (Hg.): Katholische Diskurse über Krieg und Frieden vor 1914. Ausgewählte Forschungen nebst Quellentexten. Herausgegeben im Auftrag von pax christi – Dt. Sektion e.V. Internationale Katholische Friedensbewegung. (= Kirche & Weltkrieg, Bd. 1). Norderstedt 2020. [329 Seiten].

BUTTERWEGE/HOFSCHEN 1984 = Christoph Butterwege / Heinz-Gerd Hofschen: Sozialdemokratie, Krieg und Frieden. Die Stellung der SPD zur Friedensfrage von den Anfängen bis zur Gegenwart. Eine kommentierte Dokumentation. Heilbronn: Distel Verlag 1984. [399 Seiten].

DAM 2001 = Harmjan Dam: Der Weltbund der Freundschaftsarbeit der Kirchen. Eine ökumenische Friedensorganisation. Frankfurt/Main: Lembeck 2001.

DONAT/JUNG 1988 = Helmut Donat / Reinhard Jung (Hg.): „Mit Gott dem Herrn zum Krieg?" Bremer Pastoren für den Frieden vom Kaiserreich bis zur Ära Adenauer. Herausgegeben im Auftrag des Bildungswerkes evangelischer Kirchen im Lande Bremen. Bremen: Donat Verlag 1988. [119 Seiten].

GAEDE 2018 = Reinhard Gaede: Kirche – Christen – Krieg und Frieden. Die Diskussion im deutschen Protestantismus in der Weimarer Republik. (= Schriftenreihe Geschichte & Frieden, Bd. 41). Bremen: Donat 2018. [336 Seiten; die erste Auflage lag 1971 als Dissertation vor.]

GERSTER 2012 = Friedensdialoge im Kalten Krieg. Eine Geschichte der Katholiken in der Bundesrepublik Deutschland 1957-1983. Frankfurt a. M./New York: Campus Verlag 2012. [375 Seiten].

GRÜNEWALD 2015 = Guido Grünewald: Nieder die Waffen! Hundert Jahre deutsche Friedensgesellschaft 1892-1992. (= Schriftenreihe Geschichte und Frieden, Band 3). Bremen: Donat Verlag 1992. [219 Seiten].

HARTH/SCHUBERT/SCHMIDT 1985 = Dietrich Harth / Dietrich Schubert / Ronald Michael Schmidt: Pazifismus zwischen den Weltkriegen. Deutsche Schriftsteller und Künstler gegen Krieg und Militarismus 1918-1933. Heidelberg: HVA 1985. [258 Seiten].

HÖFLING 1979 = Beate Höfling: Katholische Friedensbewegung zwischen zwei Kriegen. Friedensbund Deutscher Katholiken 1917-1933. (= Tübinger Beiträge zur Friedensforschung und Friedenserziehung, Band 3). Waldkirch: Waldkirchener Verlagsgesellschaft 1979. [356 Seiten].

KALICHA 2017 = Sebastian Kalicha: Gewaltfreier Anarchismus & anarchistischer Pazifismus. Auf den Spuren einer revolutionären Theorie und Bewegung. Illustriert von Daniel Grunewald. Heidelberg: Verlag Graswurzelrevolution 2017.

KURZ 2021 = Helmut Kurz / Unter Mitwirkung von Helmut Donat: In Gottes Wahrheit leben. Religiöse Kriegsdienstverweigerer im Zweiten Weltkrieg. Herausgegeben von der Internationalen katholischen Friedensbewegung pax christi, Deutsche Sektion e.V., sowie pax christi, Diözesanverband Rottenburg-Stuttgart. (= Schriftenreihe Geschichte & Frieden, Band 47). Bremen: Donat Verlag 2021. [319 Seiten].

KÜSTER/STEINMANN 1982 = Ingeborg Küster/Elly Steinmann: Die Westdeutsche Frauenfriedensbewegung. In. Florence Hervé (Hg.): Geschichte der deutschen Frauenbewegung. Köln: PapyRossa 1982, S. 206-216. [Neuaufl. 2001].

LEHMANN-RUSSBÜLDT 1927 = Otto Lehmann-Russbüldt: der Kampf der Deutschen Liga für Menschenrechte vormals Bund Neues Vaterland für den Weltfrieden 1914-1927. Berlin: Hensel & Co. 1927. [190 Seiten].

LÜTGEMEIER-DAVIN 1982 = Reinhold Lütgemeier-Davin: Pazifismus zwischen Kooperation und Konfrontation. Das Deutsche Friedenskartell in der Weimarer Republik. (= Pahl-Rugenstein Hochschulschriften 104). Köln: Pahl-Rugenstein Verlag 1982. [542 Seiten].

OBOTH 2017 = Jens Oboth: Pax Christi Deutschland im Kalten Krieg 1945-1957. Gründung, Selbstverständnis und „Vergangenheitsbewältigung". (= Veröffentlichungen der Kommission für Zeitgeschichte, Reihe B: Forschungen, Bd. 131). Paderborn: Verlag Ferdinand Schöningh 2017. [502 Seiten].

PAX CHRISTI 1995 = Pax Christi – Deutsches Sekretariat (Hg.): 75 Jahre katholische Friedensbewegung in Deutschland. Zur Geschichte des „Friedensbundes Deutscher Katholiken" und von „Pax Christi". Idstein: Konzi Verlags GmbH 1995. [172 Seiten].

PFARREI ST. MARIEN 1988 = Pfarrei St. Marien, Kevelaer (Hg.): Pax Christi – Kevelaer 1948–1988. Die Anfänge der Pax-Christi-Bewegung in Deutschland. Kevelaer: Butzon und Bercker 1988. [63 Seiten].

PFISTER 1980 = Hermann Pfister (Hg.): Pax Christi. Friedensbewegung in der Katholischen Kirche. Waldkirch: Waldkircher Verlagsgesellschaft 1980. [140 Seiten & Abbildungen].

RIEKER 2007 = Heinrich Rieker: Nicht schießen, wir schießen, wir schießen auch nicht! Versöhnung von Kriegsgegnern im Niemandsland. 1914-1918 und 1939-1945. Bremen: Donat Verlag 2007.

RIESENBERGER 1976 = Dieter Riesenberger: Die katholische Friedensbewegung in der Weimarer Republik. Düsseldorf: Droste 1976. [276 Seiten; Neuedition in der edition pace: Sommer 2024].

SCHEER 1983 = Friedrich-Karl Scheer: Die Deutsche Friedensgesellschaft (1892 – 1933). Organisation, Ideologie, politische Ziele. Ein Beitrag zur Geschichte des Pazifismus in Deutschland. Zweite Auflage. Frankfurt am Main: Haag und Herchen 1983. [665 Seiten].

SCHÜTRUMPF 2023* = Jörn Schütrumpf: Deutsche mit Anstand. Der „Bund Neues Vaterland" wird „Deutsche Liga für Menschenrechte". Eine Veröffentlichung der Rosa-Luxemburg-Stiftung zum 75. Jahrestag der „Allgemeinen Erklärung der Menschenrechte". Hamburg: VSA 2023. [https://www.rosalux.de/fileadmin/rls_uploads/pdfs/sonst_publikationen/VSA_Schuetrumpf_Deutsche_mit_Anstand_RLS.pdf].

WETTE 2020 = Wolfram Wette (Hg.) / Unter Mitwirkung von Helmut Donat: Weiße Raben. Pazifistische Offiziere in Deutschland vor 1933. (= Schriftenreihe Geschichte & Frieden, Band 45). Bremen: Donat Verl. 2020. [496 Seiten].

WIENAND 1998 = Lothar Wienand: Die Verteidigungslüge. Pazifisten in der deutschen Sozialdemokratie 1914-1918. Bremen: Donat Verlag 1998.

ZANDER 1989 = Helmut Zander: Die Christen und die Friedensbewegungen in beiden deutschen Staaten. Beiträge zu einem Vergleich für die Jahre 1978 – 1987. Berlin: Duncker & Humblot 1989. [385 Seiten].

3. LITERATUR ZU PAZIFISTISCHEN PERSÖNLICHKEITEN
(kleine Auswahl)

ACKER 1970 = Detlev Acker: Walther Schücking 1875-1935. Münster 1970.

BALZER 1993 = Friedrich Martin Balzer: Klassengegensätze in der Kirche. Erwin Eckert und der Bund der Religiösen Sozialisten Deutschlands. Mit einem Vorwort von Wolfgang Abendroth. Bonn 1993.

BALZER 2001 = Friedrich Martin Balzer (Hg.): Protestantismus und Antifaschismus vor 1933. Der Fall des Pfarrers Erwin Eckert in Quellen und Dokumenten. Bonn: Pahl-Rugenstein 2011.

BALZER 2018 = Friedrich Martin Balzer: Entscheidungsjahre 1948/49. Wie Erwin Eckert um Deutschlands Zukunft kämpfte. Bergkamen: Pad Verlag 2018.

BENZ 1983 = Wolfgang Benz: Emil J. Gumbel. Die Karriere eines deutschen Pazifisten. In. Ulrich Walberer (Hg.): 10. Mai 1933. Bücherverbrennung in Deutschland und die Folgen. Frankfurt a. M. 1983, S. 160-198.

BOLDT 2019 = Werner Boldt: Carl von Ossietzky (1889-1938). Pazifist und Demokrat, KZ-Häftling und Friedensnobelpreisträger. Bremen: Donat 2019. [256S.]

DONAT 1989 = Helmut Donat: Emil Felden – Ein Leben für Frieden, Freiheit und soziale Gerechtigkeit. In: Helmut Donat / Andreas Röpke (Hg.): „Nieder die Waffen – die Hände gereicht!" Friedensbewegung in Bremen 1898–1958. Katalog zur gleichnamigen Ausstellung. Bremen: Donat 1989.

FERNAU 1914/2014 = Hermann Fernau: Paris 1914. Tagebuch eines deutschen Republikaners und Pazifisten (25. Juli – 22. September 1914). Hg, kommentiert u. mit Beiträgen von Helmut Donat u. Lothar Wieland. Bremen: Donat 2014.

FRIED 2004 = Alfred Hermann Fried: Mein Kriegstagebuch – 7. August 1914 bis 30. Juni 1919. Hg. von G. und D. Riesenberger. Bremen: Donat Verlag 2004.

FRIED/SUTTNER 1917* = Alfred Hermann Fried (Hg.) / Bertha von Suttner: Der Kampf um die Vermeidung des Weltkrieges. Randglossen aus zwei Jahrzehnten zu den Zeitereignissen vor der Katastrophe. 1892–1900 und 1907–1914. Zwei Bände. Zürich: Orell Füssli 1917. [Erster Band: nicht eingesehen; Zweiter Band: XVI und 630 Seiten] [Online-Ausgabe des zweiten Bandes: urn:nbn:de:bvb:12-bsb11125370-6].

FROMM/BEEGE 2015 = Andreas Fromm / Tom Beege: Heinrich Vogeler – Traum von Frieden. Bremen: Donat 2015.

GERLACH 1994 = Hellmut von Gerlach: Die Zeit der großen Lüge. Der Erste Weltkrieg und die deutsche Mentalität (1871-1921). Bremen: Donat 1994. [197 Seiten].

GRÜNEWALD 2015 = Guido Grünewald (Hg.): „Organisiert die Welt!" – Der Friedensnobelpreisträger Alfred Fried (1864-1921). Leben, Werk und bleibende Impulse. Bremen: Donat Verlag 2015. [272 Seiten]

HAMANN 1986 = Brigitte Hamann: Bertha von Suttner. Ein Leben für den Frieden. München 1986.

HERMANNS 1999 = Baldur Hermans (Hg.): Die katholische Kirche vor 1945 und das NS-Opfer Kaplan Joseph Roissant. Essen: Bistum Essen/Dezernat für gesellschaftliche und weltkirchliche Aufgaben 1999.

HÖHN/NAUERTH/SPIEGEL 2022 = Laurentius Höhn / Thomas Nauerth / Egon Spiegel: Frieden als katholische Aufgabe. Leben und Werk von Franziskus M. Stratmann OP. (= Dominikanische Quellen und Zeugnisse, Band 26). Freiburg i. Br.: Herder Verlag 2022. [288 Seiten].

HOLL 2007 = Karl Holl: Ludwig Quidde (1858–1941). Eine Biografie. (= Schriften des Bundesarchivs, Band 67). Düsseldorf: Droste Verlag 2007.

KALTHOFF 2005 = Horst Kalthoff: „Ich war Demokrat und Pazifist!" Das Leben des deutsch-jüdischen Bürgers Otto Hecht (1900-1973) und das Schicksal seiner Angehörigen. Bremen: Donat 2005.

KIRCHHOFF 2004 = Auguste Kirchhoff: „Mensch sein, heißt Kämpfer sein!" Schriften für Mutterschutz, Frauenrechte, Frieden und Freiheit 1914-1933. Herausgegeben und eingeleitet von Henriette Kirchhoff-Wottrich. Bremen: Donat Verlag 2004.

KOROL 1999 = Martin Korol: Deutsches Präexil in der Schweiz 1916-1918. Hugo Balls und Ernst Blochs Opposition von außen gegen die deutsche Politik in der Schweiz während des Ersten Weltkrieges. Dissertation. Bremen 1999.

KÜSTER 2004 = Bernd Küster: Heinrich Vogeler im Ersten Weltkrieg. Bremen: Donat Verlag 2004.

LANGE 1994 = Werner Lange: Hans Paasches Forschungsreise ins innerste Deutschland. Eine Biographie. Mit einem Geleitwort von Helga Paasche. Bremen: Donat Verlag 1994.

LIPP 2010 = Karlheinz Lipp: Der Thüringer Friedenspfarrer Ernst Böhme (1862 – 1941). Ein Lesebuch. Nordhausen 2010.

LÜTGEMEIER-DAVIN 2016 = Reinhold Lütgemeier-Davin: Köpfe der Friedensbewegung (1914-1933). Gesehen von dem Pressezeichner Emil Stump. (= Frieden und Krieg – Beiträge zur historischen Friedensforschung, Bd. 22). Essen: Klartext Verlag 2016. [412 Seiten].

MAUCH/BRENNER 1987 = Christof Mauch / Tobias Brenner: Für eine Welt ohne Krieg. Otto Umfrid und die Anfänge der Friedensbewegung. Schönaich 1987.

MUEHLON 1989 = Wilhelm Muehlon: Ein Fremder im eigenen Land. Erinnerungen und Tagebuchaufzeichnungen eines Krupp-Direktors 1908-1914. Herausgegeben von Wolfgang Benz. Bremen: Donat Verlag 1989.

RAJEWSKY/RIESENBERGER 1987 = Christiane Rajewsky / Dieter Riesenberger: Wider den Krieg. Große Pazifisten von Immanuel Kant bis Heinrich Böll. München: Verlag C. H. Beck 1987. [479 Seiten].

SEGER 1924 = Der Fall Quidde. Tatsachen und Dokumente. Zusammengestellt und eingeleitet von Gerhart Seger, Sekretär der Deutschen Friedensgesellschaft. Berlin: Deutsche Liga für Menschenrechte 1924. / Zweite Auflage – Leipzig: Oldenburg 1924. [47 Seiten].

SEILER = Jörg Seiler: Friedensbund Deutscher Katholiken oder Pax Christi? Das friedenspolitische Engagement von Franziskus Maria Stratmann, 1947-1951. In: Wolfram Wette / Detlef Bald (Hg.): Alternativen zur Wiederbewaffnung. Friedenskonzeptionen in Westdeutschland 1945-1955. (= Frieden und Krieg. Beiträge zur Historischen Friedensforschung, Bd. 11). Essen: Klartext Verlag 2008, S. S. 87-106.

STENZIG 2018 = Bernd Stenzig: Das Märchen vom lieben Gott. Heinrich Vogelers Friedensappell an den Kaiser im Januar 1918. Bremen: Donat-Verlag 2018.

SUHR 1988 = Elke Suhr: Carl von Ossietzky. Eine Biographie. Köln 1988.

WIENAND 2008 = Lothar Wienand: „Wieder wie 1914!" Heinrich Ströbel (1869-1944) – Biografie eines vergessenen Sozialdemokraten. Bremen: Donat 2008.

WOTTRICH = Henriette Wottrich: Auguste Kirchhoff. Eine Biographie. (= Schriftenreihe Geschichte und Frieden, Band 1). Bremen: Donat Verlag 1990. [255 Seiten].

3. FORSCHUNGS- UND PUBLIKATIONSREIHEN

FRIEDEN UND KRIEG – Beiträge zur historischen Friedensforschung. Für den Arbeitskreis Historische Friedensforschung herausgegeben von Detlef Bald, Jost Dülffer, Andreas Gestrich, Christa Hämmerle, Corinna Hauswedell, Christian Jansen, Claudia Kemper, Wolfram Wette [https://historische-friedensforschung.org/veroeffentlichungen/frieden-krieg].

SCHRIFTENREIHE „GESCHICHTE UND FRIEDEN". Herausgegeben von Wolfram Wette und Dieter Riesenberger (†). Stand März 2024: 52 Bände. [Donat Verlag, Bremen: https://www.donat-verlag.de].

4. LESEBÜCHER | QUELLENEDITIONEN

LIPP 2004 = Karlheinz Lipp: Pazifismus im Ersten Weltkrieg. Ein Lesebuch. Herbolzheim 2004. [130 Seiten].

LIPP 2008 = Karlheinz Lipp: Friedenspädagogik im Kaiserreich. Ein Lesebuch. Baltmannsweiler 2008.

LIPP 2009 = Karlheinz Lipp: Religiöser Sozialismus in der Pfalz in der Weimarer Republik. Ein Lesebuch. Münster u. a. 2019.

LIPP 2013 = Karlheinz Lipp: Berliner Friedenspfarrer und der Erste Weltkrieg. Ein Lesebuch. Freiburg i. Br. 2013.

LIPP 2015 = Karlheinz Lipp: Pazifismus in der Pfalz vor und während des Ersten Weltkrieges. Ein Lesebuch. Nordhausen 2015.

LIPP/LÜTGEMEIER-DAVIN/NEHRING 2010 = Karlheinz Lipp/ Reinhold Lütgemeier-Davin / Holger Nehring (Hg.): Frieden und Friedensbewegungen in Deutschland 1892 – 1992. Ein Lesebuch. (= Frieden und Krieg – Beiträge zur historischen Friedensforschung, Bd. 16). Essen: Klartext Verlag 2010. [429 Seiten].

GRUMBACH/DONAT 2018 = Salomon Grumbach: Das annexionistische Deutschland. Eine Sammlung von Dokumenten, die seit dem 4. August 1914 in Deutschland öffentlich oder geheim verbreitet wurden. Mit einem Anhang: *Antiannexionistische Kundgebungen*. Neu herausgegeben von Helmut Donat. Mit einer Einleitung von Klaus Wernecke und Beiträgen von Lothar Wieland & Helmut Donat. Bremen: Donat Verlag 2018. [672 Seiten].

BÜRGER 2021 = Peter Bürger (Hg.): Frieden im Niemandsland. Die Minderheit der christlichen Botschafter im Ersten Weltkrieg. (= Kirche & Weltkrieg, Band 3). Norderstedt: BoD 2021. [560 Seiten].

DONAT/WIELAND 1980 = Das Andere Deutschland. Unabhängige Zeitung für entschiedene republikanische Politik. Eine Auswahl (1925-1933). Herausgegeben und eingeleitet von Helmut Donat und Lothar Wieland. Mit einem Vorwort von Ingeborg Küster. Königstein/Ts.: Verlag Autoren-Edition 1980. [351 Seiten].

BENZ 1988 = Wolfgang Benz (Hg.): Pazifismus in Deutschland. Dokumente zur Friedensbewegung 1890-1939. Frankfurt a. M.: Fischer Taschenbuch Verlag 1988. [223 Seiten].

ANARCHISMUS UND GEWALTFREIHEIT 2018/2021 = Arbeitsgruppe Anarchismus und Gewaltfreiheit (Hg.): Je mehr Gewalt, desto weniger Revolution. Texte zum gewaltfreien Anarchismus & anarchistischen Pazifismus. Erster Band. Heidelberg: Verlag Graswurzelrevolution 2018. / Zweiter Band. Heidelberg: Verlag Graswurzelrevolution 2021.

edition pace

Die hier fortgesetzte *edition pace*,
initiiert von Thomas Nauerth und Peter Bürger,
erschließt Quellentexte, Inspirationen *&* Forschungsbeiträge
zu folgenden Themenschwerpunkten:

Kultur der Gewaltfreiheit und des Friedens;
Persönlichkeiten, Spiritualität und Praxis
des gewaltfreien Widerstands;
Friedenstheologie, Kritik der Kriegsreligion;
Kirchliche Friedenslehren und Geschichte des
religiös motivierten Pazifismus;
Ökumenische und interreligiöse Lernprozesse
in der Bewegung für Gerechtigkeit, Frieden und
Bewahrung der Schöpfung.

Ergänzend:
Regal zur Geschichte der Friedensbewegung.

Buchausgaben:
https://buchshop.bod.de/
(Suchfunktion | Eingabe: *edition pace*)